¿CORREDOR O ESPECTADOR?
CORRER PARA ESTAR Y SENTIRSE BIEN

ALBERTO HERNÁNDEZ VALDEZ

¿CORREDOR O ESPECTADOR?
CORRER PARA ESTAR Y SENTIRSE BIEN

ULTRA MARATÓN 157 K: EL GRAN RETO DE VIVIR

Número de Control de la Biblioteca del Congreso de EE. UU.:		2012903876
ISBN:	Tapa Dura	978-1-4633-2177-2
	Tapa Blanda	978-1-4633-2179-6
	Libro Electrónico	978-1-4633-2178-9

Este Libro fue impreso en los Estados Unidos de América.

Para pedidos de copias adicionales de este libro, por favor contacte con:
Palibrio
1663 Liberty Drive
Suite 200
Bloomington, IN 47403
Llamadas desde los EE.UU. 877.407.5847
Llamadas internacionales +1.812.671.9757
Fax: +1.812.355.1576
ventas@palibrio.com
387128

INDICE

Agradecimientos

"Agradezco a Dios por su agradable aliento de vida, por lo que me da y me permite hacer, y le pido me dé la oportunidad de hacer lo que más me gusta y si ésta es mi última carrera, que sea para llegar a Él".

"Le doy las gracias a Dios porque a través de la espondilitis anquilosante he aprendido a vivir y a disfrutar más de la vida, de cada minuto, de cada segundo, de cada una de mis carreras y con cada uno de mis amigos corredores, en esta difícil carrera de la vida".

"Agradezco a mi hermana, amiga y compañera María Antonieta, por el apoyo incondicional que me brinda antes, durante y después de cada carrera o entrenamiento; por sus alicientes frases en los momentos más difíciles de mi cansado correr y su agradable compañía. Por su valiosa ayuda en la realización de este libro".

"Agradezco a Irma por preparar el mejor de los entrenamientos para mí y por su preocupación para que los lleve a cabo de la mejor manera, ayudándome a realizar mi sueño".

"Agradezco al Dr. Víctor Mondragón por sus agradables comentarios y gran calidad humana en esos momentos de desesperación".

Dedico este espacio literario a todos aquellos seres humanos que padecen de alguna enfermedad crónico degenerativa.

Prólogo

A estas alturas de la vida mi ritmo de carrera es más intenso. Rebaso el kilómetro 45, un puesto de abastecimiento también. Corro presuroso, tomando de los expectantes días sus alicientes momentos cargados de energía suficiente, entre largos kilómetros de 365 días cada uno, tomo de ellos lo mejor. Por cada día malo aprendo algo bueno, por cada día bueno reafirmo mi confianza en Dios. Estoy a siete meses de cumplir un kilómetro más de vida; sé que cuando llegue al final de este kilómetro (el 23 de julio de 2012) veré con júbilo el esfuerzo realizado a lo largo de un año. Desde que tomé la firme decisión hace tres kilómetros atrás, de ir con todo y no guardar nada para el regreso, he visto superar mis expectativas de vida. Es una carrera difícil, pero la acepto como tal, logrando que cada día valga y haciendo de la vida un gran reto o mejor aún, cumpliendo con lo que Dios dispuso para mí. Conforme vienen pasando los metros llamados días los voy entonando con mi mejor actitud. Entre cuestas difíciles de dolor, curvas de malestar y rectas rígidas, trato de buscar la mejor manera de irlas entonando al rítmico latido de mi corazón, sin que el ánimo se deprima al máximo. No voy solo, tengo un gran aliado que me ayuda a seguir adelante. Retomando mi postura de soñador, cada fin de semana hay un encuentro más y un reto diferente en cualquier estado anímico, físico, de salud o de la República Mexicana. Entre las alicientes frases de los agradables corredores, los mágicos espectadores y los frescos días retomo fuerzas, cada metro que corro es diferente al anterior. En cada día que dejo atrás va de mí lo mejor, siempre cuidando mi hidratación, mi alimentación, mi medicamento y rutinas de entrenamiento para emprender un nuevo reto en la vida, con la mejor actitud.

Los metros siguen pasando y los días también. La mañana, ahora es fresca; el sol sin fallar comienza a salir. Apenas despierto y corro a la ventana para contemplar el nuevo día, me parece diferente; la abro y el aire fresco se introduce al interior de mi habitación, refrescando mi cálido cuerpo, sé que Dios ha soplado y su agradable aliento de vida cubre todo el universo. Sobresaltado por la emoción y dándole gracias, inicio mi mejor y nuevo día.

Aún lo recuerdo bien: cinco kilómetros atrás tuve que tomar una decisión. Mi ritmo de carrera se vio interrumpido por un dolor intenso en mis vertebras lumbares. Tras haber detectado una inflamación severa en toda mi columna vertebral y cinturón pélvico, me fue difícil mantener mi ritmo de carrera y de vida. Intenté retomar mi postura de corredor apretando mis manos, dando una muy fuerte inspiración y afinando la mirada, sin embargo, no la pude contener. Inspirado por el dolor, el impedimento físico y la falta de fe lo volví a intentar, pero volví a desfallecer, haciendo el reto conmigo mismo más difícil. No quería verme sin movimiento y tras forzar mi pisada y no ir más allá de 20 cm cada una, me sentí agotado, mis esfuerzos eran en vano. Todos los días, día tras día, salía del trabajo rumbo a mi casa, pidiéndole a Dios tuviera compasión de mí pero era inútil, no me escuchaba o eso creía, tras escuchar las "alicientes" frases de desmotivación de algunos médicos y sus comentarios reales: —vamos, tiene usted una enfermedad crónico degenerativa y terminará en la posición que usted elija, rígido y sin movimiento; puede ser sentado, acostado o simplemente la que crea más cómoda y conveniente. Con gran frustración y viéndome impedido, tuve que contener mi llanto. Retomando mi postura de corredor ante la vida, sin poder resignarme ante este presagio y mientras continuaba bajo el influjo del medicamento, tomé una decisión: caminar 30 minutos todos los días, sin importar el ritmo de carrera y el tiempo que me tardase. Era complicado, el dolor crónico no me lo permitía y era difícil respirar. Ante las motivadoras frases de mis hermanas y amigos, y sus "apapachos", poco a poco he ido saliendo. Al estirar día con día mis piernas e intentar caminar cada vez con mayor zancada lo he ido logrando, todo un reto, difícil: sí, los resultados: inciertos.

Los días siguen pasando y los kilómetros también, todos los metros de cada año fui aprendiendo a vivir con esta enfermedad y a un máximo de intensidad. Mi carácter sigue siendo el mismo, mis ganas de vivir se han incrementando al ciento por uno, no me separo del mágico mundo del correr y la activación física, ahora entrenando para el "Maratón de Monterrey 2011", mañana, no lo sé. Lo único que sí sé es que no he concluido con este ultra maratón de la vida, sigo dando lo mejor de mí, sé que en un futuro no muy distante, el maratón de la vida quizá me dé sorpresas, mientras tanto seguiré tomando los días y los kilómetros como vienen, entonándolos de la mejor manera, con mucho entusiasmo y buena actitud y sin aflojarle a la vida, tratando de disfrutar cada momento. Espero terminar de correr este ultra maratón con distancia de 157 años y con muy buena actitud, y si Dios no me lo permite, le seguiré agradeciendo por darme la oportunidad de poder hacer lo que más me gusta y por su agradable aliento de vida.

Alberto Hernández Valdez

Introducción

Escribo este libro con la esperanza de que mi amigo lector encuentre en los relatos una respuesta a sus preguntas; motivarlo lo suficiente para que disminuya al máximo el sedentarismo que por naturaleza llevamos; que perciba el movimiento con todos sus sentidos; que cada parte de su cuerpo se sensibilice para que pueda ver y sentir; que cada carrera que corra sea un nuevo reto con objetivos, metas y expectativas diferentes.

Cada vez que te encuentres en la línea de salida, relájate, medita, siéntete, percibe todo a tu alrededor. Escucha, siente y observa, sin perder detalle, todo lo que te rodea y acontece; observa corredores y observa espectadores; admira la belleza del verdadero ser humano. Haz amistades, disfruta del movimiento, corre a tu ritmo, da las gracias, llénate de las alicientes frases de los espectadores, ayuda al guerrero desfallecido y sobre todo agradécele a Dios por darte la oportunidad de poder participar en un nuevo encuentro contigo mismo.

Es importante que disfrutes al máximo de cada carrera en la que participes, incluyendo la carrera de la vida. Si tu entrenamiento te lo permite, entonces llega en primer lugar, que para eso te has preparado, pero llega, no importa si caminas, trotas o corres, somos corredores recreativos, ¿lo recuerdas?, lo importante es que llegues, pero que llegues ¡bien!, para disfrutar de lo que sigue.

Si tus posibilidades económicas te lo permiten, corre. Corretea las carreras que se realizan a nivel nacional y si la carrera que anhelas es en el extranjero, esfuérzate por participar en ella, mas no dejes que esto se vuelva una frustración eterna, si no se pudo hoy ¡se podrá mañana! Sé honesto contigo mismo y si te lesionas, aprende a retirarte a tiempo de una carrera, no sea que tu lesión se haga mayor y ahí termine tu carrera de corredor.

Las carreras en las que participes y te hayan gustado, repítelas el siguiente año y el siguiente también, son parte de la motivación que necesitas. Haz o consigue un calendario de carreras y anota todas las que te lleguen. Implementa año tras año esta lista, te será de mucha utilidad. Recoge la propaganda que te den al final de cada competencia y guárdala, cuando estés en calma y en el rincón favorito de tu hogar léela varias veces y convéncete que esa carrera no es la que deseas correr.

Cuando ya no puedas y las endorfinas de tu cuerpo también desfallezcan y no produzcan más euforia, grita, grita y vuelve a gritar: —ya se cansaron, verdad que vamos a llegar, ánimo corredores, ¡no!, ¡sí!, y otras tantas frases o rugidos que también te llenan de energía. Después de todo, la vida es una frase de aliciente que Dios nos ha regalado.

No descuides tu alimentación, hidratación y no te malpases; recuerda que como corredores debemos estar preparados, nunca se sabe cuándo participarás en una competencia mal organizada. La hidratación es de vital importancia para nosotros antes, durante y después de cada carrera, sin embargo, tampoco exageres, no te sobrehidrates. Descansa lo suficiente y duerme bien, es necesario y muy importante, ya que tu rendimiento depende de ello.

Cuando participes en una carrera concéntrate en lo que estás haciendo, pero ten precaución. En cada avenida o cruce de calle o camino, pon atención, porque hay personas que se sienten ofendidas cuando hacemos que la ciudad entre en caos.

Dale las gracias a cada guardia o policía que cuida de nuestra seguridad. Sonríe a cualquier cámara de video o fotográfica que se encuentre en la salida, en el recorrido y en la llegada. Levanta tu dedo pulgar, tus brazos y sonríele a cada aliento de vida cuando llegues a la línea de meta en señal de victoria, de agradecimiento a Dios.

Cuando llegues a la meta y te coloquen tu medalla, disfrútala, no te la quites, déjala un rato alrededor de tu cuello porque te la has ganado con el sudor de tu esfuerzo, pero no se te olvide quitártela, porque esto te puede volver soberbio.

Acompáñate de familiares o amigos en cada carrera que participes, cuando estás por desfallecer y escuchas los gritos con frases de apoyo de tu hermana, sobrina, padre, madre, abuelo, hija, esposa y amiga, el cuerpo se llena de ráfagas de energía pura, de vitalidad total que pueden levantar al caído. Si puedes, convence a un familiar, amigo o desconocido a que practique algún deporte y hazle saber los beneficios de hacerlo regularmente.

Respeta a todos los corredores cualquiera que sea su raza, condición social, creencia, partido político, sexo, país o cultura, porque todos tenemos el mismo derecho. Si quieres ser el primero, entonces entrena, entrena y sigue entrenando, para que merezcas ese lugar.

Los espectadores merecen el mismo respeto que los corredores ¿Acaso no se mantienen erguidos como fieles guerreros incansables, sin importar el tiempo que te tomes en llegar? Si mucho he aprendido es de los espectadores. En muchas de mis carreras he terminado casi arrastrándome, sin embargo, las he terminado gracias al gran poder que tienen sus palabras de aliento.

Procura revisiones médicas periódicas con especialistas en los cuidados del corredor, de preferencia con médicos que practiquen el mismo deporte, para estar en sincronía; seguro él sabe y conoce tu malestar.

En fin, disfruta, diviértete, convive, conoce y muévete. ¡Digamos no al sedentarismo, sí al movimiento!, ¡no a las adiciones, sí a la buena vida!, ¡no al cáncer, sí a la salud!, ¡no a los malos hábitos, sí a los buenos! Camina, trota, corre, pero jamás, jamás te detengas; ser, estar y sentirse excelente.

Salud, saludos y una excelente carrera

XXIX Medio Maratón Día del Padre
(02:17:32)

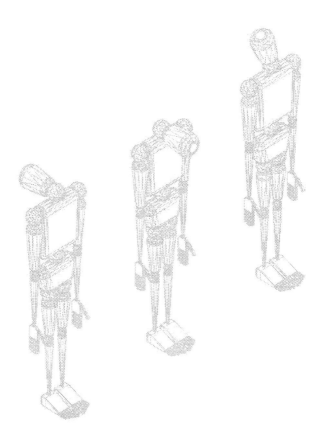

(21 de junio de 2009)

Después de regresar de dos años de completa inactividad, como consecuencia de mi recuperación, y dos carreras previas de 10 K, fue suficiente para recomenzar una nueva historia de mi vida. Al finalizar mi segunda carrera "Grupo Radio Centro", me dieron una publicidad que decía:"XXIX Medio Maratón Día del Padre"; en el momento la vi, pero no le di suficiente importancia. Los días pasaron, animado por mi hermana Mili y un —vamos, si no puedes, caminas —me fui a inscribir. Nunca pensé que esta simple e insignificante decisión cambiaría mi vida y mi forma de verla, para siempre. Durante esa semana todo yo era un manojo de nervios. Por las noches, antes de dormir me preguntaba: ¿Voy a poder terminar los 21 K?, ¿qué va a pasar con mi enfermedad? Realmente sabía que iría con todo y no guardaría nada para el regreso. Por las noches, la rigidez de mi cuerpo y el dolor intenso en la articulación sacroilíaca me hacían pensar muchas cosas. Para el viernes por la tarde mi sistema nervioso estaba muy excitado; recuerdo que en la noche no dormí, sin embargo, llegó el sábado y recogimos el paquete del corredor. Terminé de leer nuevamente la publicidad y nos alistamos para iniciar una nueva aventura de vida que me llevaría a escribir estas breves reseñas y llegar a correr la "Sexta Edición del Maratón de Monterrey".

Recogimos el paquete del corredor y tomé nota. En una manta grande se mostraba la ruta de la carrera; por micrófono, el organizador daba algunas indicaciones: —usa ropa cómoda, no utilices tenis nuevos, usa vaselina en las zonas que te rosen, porta el número oficial al frente de la playera. Nunca me imaginé la magnitud de este evento. Llegaban familias completas a recoger su paquete del corredor, parecía que regalaban cosas en este lugar, sin embargo, no era así, todo tenía un costo económico ¡sí!, anímico y de vida ¡también! Después de un rato decidimos regresar a la casa y descansar un poco; comer, tomar una ducha, preparar cosas, colocar el número en la playera, consentir las calcetas dándoles un buen masaje, calzoncillos, pants, tenis, etc.

Esa noche de sábado no pude dormir, el estrés me invadía por completo: sueños de persecución, párate al baño, dolores en el cuello, en el pecho y en el sacroilíaco, no sé qué tantas otras cosas. Después de un sueño efímero, el despertador sonó firme y sin titubear, dándolo por terminado, —y yo que apenas comenzaba a agarrar el sueño —pensaba. Me levanté, coloqué calcetas, pants, playera, brazalete, chamarra, tenis, amarré el chip a mi tenis izquierdo y listo; bajé a la cocina a tomar un poco de café. Mientras tanto, mi hermana Mili hacía los últimos ajustes: —vamos a llevar unas toronjas, unas tortas, agua, plátanos, pastillas para el dolor muscular, para la diarrea, música, etc., etc., y listos, en ruta hacia el Periférico. Al poco tiempo llegamos al centro comercial Perisur, una gran fila de vehículos también pretendía ingresar al estacionamiento, por lo que aguardamos con mucha calma. Momentos después dejamos el coche y los nervios hicieron lo suyo, mariposas en el estómago. —Necesito hacer una parada sanitaria con urgencia —le decía a mi hermana, mientras apretaba el paso hacia el Bosque de Tlalpan, en donde se afinaban los últimos detalles de la carrera. Conforme nos acercábamos se escuchaba y se notaba el ambiente; en el micrófono voces; en el espacio la música; en las calles corredores y familiares; globos de colores en los bloques de salida; la banda de música tomaba su lugar, el mejor de los lugares. Colas enormes en los sanitarios; unos calentando, otros corriendo; todo era increíble; nunca me imaginé que más de once mil corredores se dieran cita en este lugar y en esta carrera. Era impresionante voltear atrás o para adelante y ver cómo se perdía la calle con la fila de corredores que no tenía fin. Entonces me dije: —¡qué padre!, aún existe mucha gente que comparte los mismos gustos por la salud —y le di gracias a Dios por este momento de inmensa felicidad.

Busqué el mejor de los rincones para calentar y me puse de acuerdo con mi hermana Mili para encontrarnos al finalizar la competencia. Me ubiqué en el bloque de salida correspondiente según el color de mi brazalete. La banda tocó el Himno Nacional Mexicano y comenzó la euforia. Las endorfinas, única droga natural que produce el organismo y que hace tanto bien, comenzó a circular por todo mi cuerpo. Corredores nacionales y extranjeros tomaban sus lugares, sin importar raza, sexo, religión, partido político, ni edad. Todos gustosos, sin poder ni querer ocultar nuestras emociones, esperábamos el cañonazo de salida. Por primera vez me relajé, mis dolores habían desaparecido, me sentía libre del malestar. Por fin el Periférico sería nuestro de ida y de regreso, sin coches, corriendo a nuestras anchas. De repente una voz me interrumpió, había llegado al primer abastecimiento, los organizadores nos ofrecían agua embolsada —¡qué maravilla!, por primera vez la organización se sacaba un diez, no había los tradicionales vasitos, ahora se podía tomar mejor. Unos metros más adelante bebida isotónica y de pronto mariachis tocando y cantando las canciones rancheras para amenizar el recorrido: todo era como un cuento —amo las canciones rancheras—; por supuesto que existía mucha motivación. Las endorfinas soltaban su furia, la euforia se apoderaba de mí, todo esto me hizo llegar al kilómetro siete. Repentinamente, gritos y mentadas de madre me hicieron voltear. Algunos corredores frustrados insultaban al grupo de corredores Elite Africanos que iban en primer lugar, en ese momento una rabia se apoderó de mí y arriesgándome a ser insultado grité: —¡ánimo corredores, sí se puede, son los mejores!; después, callé mientras pensaba: —los mexicanos somos así, no nos gusta ver que otros lleguen y sin embargo, no hacemos nada para llegar. Este hecho me dejó sin energías. Llegaba al kilómetro nueve y empecé a sentir el cansancio del constante golpetear de mis tenis sobre el asfalto. El hemisferio derecho de mi cerebro decía: —tengo que parar, el izquierdo decía: —no lo hagas; mientras estaba en este debate: —¡vamos, échale ganas, tú puedes!, levanto la vista y sorpresa: mi hermana Aimé, que también es una corredora incansable, deportista de corazón, corría a mi lado. Todo pasó: las endorfinas habían logrado lo que ni el dolor intenso en mi sacroilíaco habían hecho; las lágrimas empezaron a emerger de su ocular escondite y nublaron mis ojos, y antes de que lo notara —algo me entró en el ojo —dije. Después de unos cientos de metros me confirmó: —te dejo Albert, porque no estoy preparada para una larga distancia, no ahora. Cargado de energía positiva por su actitud y alicientes frases le respondí: —muchas gracias Aimé, y nos separamos. Más adelante, ¡sorpresa!, se levantaba ante mí el puente vehicular Muyuguarda, que indicaba el regreso. Difícil de subir pero un buen augurio, estaba por concluir el kilómetro diez y me dije: —todo lo que consiga de aquí en adelante es libertad de vida extra. Kilómetro tras kilómetro los mariachis tocaban "el zopilote mojado", "Guadalajara", "la Biquina" y otras que escapan ahora de mi mente. Llegaba al kilómetro trece cuando de repente: —vamos Albert, ya casi llegas; vuelvo la cabeza y allí estaba nuevamente y con mucho ánimo y entusiasmo mi hermana Aimé, que a bordo de un autobús que circulaba por el carril lateral del Periférico dejaba escuchar un: —¡tú sí puedes!, ¡tú si puedes!... desvaneciéndose su cántico con la distancia y quedando solamente el eco del mismo en mi mente y en mi corazón, por supuesto que esto me dio más energía para seguir adelante.

Llegaba al kilómetro diecisiete justamente cuando un calambre se hizo presente en mi pierna derecha, otro más en mi pierna izquierda, su intensidad era cada vez mayor; un dolor en el sacroilíaco y uno más en el esternón no dejaban de reparar. Rápidamente y sin pensarlo metí la mano en mi pants y saqué un glucogel, que una semana antes mientras me inscribía, un corredor categoría veterano me recomendara y me lo tomé. Más adelante y mientras continuaba con mi cansado correr, escuché la voz de mi hermana que corriendo tras de mí me animaba: —te falta poco, ya casi llegas; se volvieron a nublar mis ojos con lágrimas de emoción y le di gracias a Dios por darme la oportunidad de tener una familia que me ama. Nuevamente se despidió dándome una nalgada y dijo: —nos vemos en la línea de meta, mientras se quedaba atrás el eco, pregón de su voz. Una vez más los mariachis nos envolvían con sus alegres guitarrones y a lo lejos un enorme alboroto. Entre el ánimo de los espectadores, la energía de los corredores, la adrenalina de los aquí presentes, las endorfinas en el medio y las frases alicientes pasaba el kilómetro veinte. El ánimo de los espectadores, hombres, mujeres y niños se escuchaba —ánimo mujeres, ánimo padres, ánimo madres, te falta poco papá; los espectadores echaban mano de todo lo que tenían a su alrededor: matracas, aplausos, gritos y palabras de aliciente, dando lo mejor que como espectadores pueden dar. Motivado por aquella escena di una fuerte y profunda inhalación; afiné la vista y saqué todo, todo lo que me quedaba, todas mis reservas y a lo lejos la manta de llegada. Por primera vez desde mi niñez levanté mis brazos en señal de victoria y de agradecimiento; vencí, llegué y fui libre por más de dos horas y diecisiete segundos.

Posterior a esto no todo fue felicidad, ya que los calambres no se hacían esperar, primero en la pierna derecha, después en la izquierda, luego en ambas; difícil de caminar, pero como pude caminé un poco, después entre un —¡ay qué dolor!, y un masaje en ambas piernas, el dolor fue atenuando hasta desaparecer; mas no así la inflamación en mi sacroilíaco, que me llevó hasta la sección de masajes que tenía preparada la organización, ¡qué bien organizado estuvo todo!, después del masaje que me diera una hermosa dama, quedé casi listo para la siguiente batalla.

"Señor, danos la inmensa oportunidad de ser, estar y sentirnos excelentes"

I Medio Maratón Emoción Deportiva (02:15:41)

(23 de agosto de 2009)

Qué emoción, todavía recuerdo éste, mi segundo medio maratón. En una revista leí: los paynani, en lengua náhuatl significa "el que corre con rapidez". Eran mensajeros que traían desde las costas de Veracruz pescado fresco al emperador Moctezuma. —Siempre he sido un apasionado de la cultura prehispánica —me decía, mientras observaba el emblema de la carrera, el cual me llamaba mucho la atención. Así que sin pensar me inscribí a la carrera, literalmente hablando. Y aquí comenzó otra historia. La cita fue a las siete de la mañana frente al Auditorio Nacional en la Ciudad de México. Éramos aproximadamente seis mil competidores y el recorrido no pintaba mal: se iniciaría sobre Reforma, Bosque de Chapultepec, Avenida Chapultepec, Colonia Roma, Colonia Condesa, Bosque de Chapultepec, Avenida Masaryk, Homero, Mariano Escobedo y Reforma, para finalizar nuevamente en el Auditorio Nacional. ¿Una carrera diferente o un simple paseo más?, no lo sé.

Desde una semana antes los nervios invadían mi cuerpo, mi cabeza se llenaba de preguntas: —¿Podré terminar el justo medio maratón? ¿Me darán calambres? ¿Estaré preparado para correrlo?, y así transcurrió la semana: lunes, sin dormir; martes, agotado; miércoles, de ¡ay! Hay que hidratase muy bien, hay que comer carbohidratos, no bajes el consumo de azúcar, come dulces, cacahuates, aceitunas, amaranto; jueves, ¡qué emoción! y viernes, ¡no hay vuelta atrás! El sábado fuimos a recoger el paquete del corredor, para lo cual tuve que sonsacar a mi hermana Mili, quien gustosamente dijo: —vamos.

En el lugar donde se recogía el paquete del corredor se daban instrucciones a los corredores: no uses calzado nuevo, utiliza vaselina en las zonas que te rosen, hidrátate muy bien, el día de la carrera no experimentes con alimentos que no estés acostumbrado a comer, duerme mínimo ocho horas, etc. Se respiraba euforia; muchos corredores, familias, amigos; comentarios de todo tipo; gente que viene y que va, mucho movimiento. Por fin nos formamos en la fila correspondiente con el número de corredor que me correspondía: —¿Qué talla de playera le doy?, —mediana por favor. —¿Dónde puedo checar que los datos del chip sean los correctos?, muchas gracias señorita.

Por fin en el hogar; un merecido descanso, una comida ligera, una buena ducha para relajar el cuerpo y a dormir, pero antes, alistar la ropa deportiva: colocar el número de competidor al frente de la playera de manera perfecta, consentir las calcetas y dejar todo listo. Mientras en la cocina, mi hermana Mili organizaba el abastecimiento necesario para el día de la batalla.

Doce de la noche, párate al baño; una de la mañana, vueltas y vueltas en la cama; dos de la mañana, párate al baño; justo cuando empezaba a conciliar el sueño el celular sonó: —ya es hora—, me decía una voz tras la puerta, —ya son las cuatro de la mañana. De un salto me levanté e hice el ritual acostumbrado: playera con número, bien; pants, bien; un poco de crema en los pies para fijar las calcetas y calcetas, bien; chip en el tenis izquierdo y agujetas bien amarradas y listo, o medio dormido todavía. Me lavé la cara, me peiné, tomé un poco de café y vámonos. En menos tiempo de lo que lo escribo ya íbamos en ruta hacia una nueva batalla: "El Primer Medio Maratón de Emoción Deportiva", la batalla de los paynanis. Conforme nos íbamos acercando al Auditorio Nacional, los nervios se iban apoderando de mí; nervios en el estómago; náuseas y ganas, muchas ganas de ir al sanitario. Entrando a la tercera sección de Chapultepec tuve que hacer una parada urgente (o sea ir al baño), para después terminar de llegar. En esta ocasión no había estacionamiento público, por lo que tuvimos que dejar el vehículo en el estacionamiento del Auditorio Nacional.

Las seis de la mañana y aún está oscuro; el aire fresco sopla y roza nuestras mejillas. Frente al Auditorio Nacional se escuchaba la algarabía de los competidores, espectadores y organizadores; entre gritos, aplausos y música se llenaban los espacios vacíos. "Unos corrían, otros calentábamos y los menos afinaban garganta y corazón. ¡Sí!, porque ellos, los guerreros espectadores se han armado de todo corazón y valor para luchar al lado de los paynanis en ésta, la primera batalla de emoción deportiva, armándose de filosas lanzas de alicientes frases que para un paynani desfallecido ayudarán, para darle una fuerte dosis de vida pura, para continuar y derrotar al enemigo sedentarismo".

En punto a las siete el disparo de salida, los paynanis más veloces en primera fila nos marcarían el camino: un abrazo, un beso y una palabra de apoyo serán mi arma principal. Voy con todo, no guardaré nada para el regreso: "y allí estábamos, más de seis mil guerreros en la línea de salida sin distinción de nacionalidad, raza, país, religión, edad, sexo o partido político, todos listos, armados de espíritu de lucha y nuestros firmes pensamientos de llegar y vencer. 28, 44, 60, 120 minutos, qué importaba el tiempo; corriendo, trotando y algunos caminando, pero todos con un firme propósito: llegar al final y vencer al sedentarismo —¡hemos vencido! —nos diríamos, —¡el sedentarismo no tiene lugar aquí! —pensaba; mientras llegaba a mis oídos el cañonazo de salida.

Inició la batalla, como himno que cruza el firmamento y llena todos los vacíos se activaban los chips; uno tras otro, otro tras otro los corredores salían, cada uno con un objetivo, cada uno inmerso en sus pensamientos; yo pensando en la manera de atacar el recorrido, el ritmo, los puntos de abastecimiento, la ruta, recordando y recordando. Los demás no lo sé.

Iniciamos sobre la Avenida Reforma, una avenida recta y ancha que nos daba la bienvenida a todos los paynanis, sin vehículos, ni objetos que pudieran hacernos tropezar. Como un medio de distracción sobre la reja que rodea al Bosque de Chapultepec lucían fotografías que llamaban la atención; la mañana era fresca y los árboles como fieles guerreros nos daban sus fragancias. Conforme nos alejábamos los espectadores disminuían y solamente nos acompañábamos los corredores; el vacío se llenaba de sonidos de respiración entrecortada, combinada con el sonido del constante golpetear de los tenis de los cientos de corredores. Aún no pasaba el efecto de la euforia por participar en este Medio Maratón de Emoción Deportiva; yo en tiempo y forma daba fe del nacimiento de un nuevo y bien organizado medio maratón.

"Erguidos, guerreros incansables, diurnos y nocturnos 'vigilantes' del camino, armados de valor, coraje y corazón, vigilantes silenciosos, fieles acompañantes, muchas historias tendrán en su haber. Cuando el movimiento nos falle y ya no lo tengamos más, recordar: ésta será nuestra arma, recordar y recordar para ser libres, ya que el recordar es volver a vivir".

—¡Ya se cansaron! —se escuchó, —¡no! —contestamos todos. Sin embargo, este grito me volvió al aquí y al ahora, y la respuesta hizo que la energía recargara todo mi ser. Hasta este kilómetro la hidratación había sido excelente, agua y bebida isotónica; no me puedo quejar, una buena organización.

La mañana sigue fresca, el tiempo transcurriendo. Corro a mi ritmo, me siento excelente; es difícil parar a estas alturas de la vida y del camino, solamente queda relajarse y seguir adelante, correr y correr y seguir corriendo; la vida perdona, el tiempo no; éstos eran mis pensamientos cuando de repente, un espectador me cerró el paso y me ofreció un dulce, el cual tomé dándole las gracias por su sabio ofrecimiento. A la fecha en que escribo este relato me pregunto: ¿por qué a mí habiendo tantos corredores? Pregunta difícil de contestar.

Pasaba el kilómetro diecisiete cuando empecé a sentir dolor en mi sacroilíaco, y comenzó el descenso de mi ritmo, más no así el ritmo de la vida. Por más que me esforzaba, no lo conseguía y comprendí que mi articulación seguramente se había inflamado y tuve que disminuir mi ritmo de carrera; no sé si me dolía más el pensar que llegaría el momento en que tendría que parar de correr o el mismo dolor de la inflamación de mi articulación; contuve mis lágrimas... Volteé la cabeza y observé a los corredores; mire atrás y la fila de corredores se engrosaba por cada segundo que transcurría. Pensé que rebasaba a muchos corredores, sin embargo, era yo quien se rezagaba y apunto de soltar en llanto, decidí alentar a los otros corredores, tratando de despejar mi mente y detener mi ritmo que iba en descenso.

"Cuenta la leyenda que un paynani, que quería agradar a su rey, puso todo su empeño en traer el pescado más fresco y en el menor tiempo posible, por lo que corrió ocho kilómetros a todo lo que daba, a su máxima velocidad, pero cuando terminó de pasar el kilómetro uno, fue tanto su esfuerzo que se quedo sin aliento y tuvo que detenerse; pasaron algunos minutos y se dijo: —ya me repuse, y salió a toda carrera por entre la selva y sobre los caminos, pero nuevamente se desgastó y tuvo que parar. Pasaron algunos minutos y nuevamente se dijo: —ya me repuse, —y salió a toda carrera. Repitió el mismo ritmo durante los seis kilómetros restantes y cuando llegó a la aldea había pasado tanto tiempo, que el rey decidió que ese día no comería pescado". Moraleja: más vale ritmo que dure y no trote que canse.

Crucé la línea de meta y vencí, valió la pena hacerle caso al refrán y terminar con éxito lo que me había propuesto en éste, mi segundo medio maratón.

"No sabía que te conocía, hasta que el correr del tiempo y la distancia me acercó más a ti"

VI Medio Maratón Puerto de Veracruz
(02:02:14)

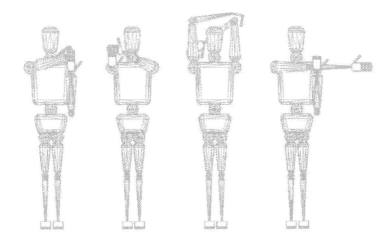

(24 de enero de 2010)

Una semana muy corta. Apenas nos inscribimos y estamos a escasas horas de librar otra batalla. Llegó el tan esperado día, viernes 22 de enero, a las doce de la noche iniciaríamos la partida por carretera al Puerto de Veracruz. El autobús estaba listo, la espera había concluido, una última galleta y a abordarlo. Somos muchos competidores y un solo evento, todos por la misma ruta. En el autobús unos dormitábamos, otros miraban por las ventanas a través de la oscura madrugada y los menos platicaban de sus carreras. No cabe duda, se respira el buen espíritu deportivo; aunque no nos conocemos, todos somos marineros del mismo barco, uno que va rumbo a la libertad, rumbo al "Medio Maratón Puerto de Veracruz, VI Edición".

El capitán del autobús se detuvo en varias ocasiones para estirar las piernas y cargar su propio combustible. Quizá para el chofer un viaje más, para nosotros una carrera diferente, bajo otras condiciones de temperatura, humedad y altitud; otro encuentro sin distinción de edad, raza, sexo, nacionalidad o partido político, sólo marineros del correr en una ruta desconocida, diferente. Mi primer medio maratón fuera de mi ciudad, en otro Estado de la hermosa República Mexicana.

La última parada del día en el hotel. Asignaron habitaciones y dieron instrucciones necesarias para hacer más placentera nuestra estancia. Tras un descanso y una ducha, quedamos listos de una desvelada inolvidable. Nuevamente todos los corredores tripulantes abordamos el autobús, para dirigirnos a la Facultad de Educación Física de la Universidad Veracruzana y recoger el paquete del corredor. Todo era genial, un ambiente de gran emoción se percibía en todo el lugar, música por doquier, corredores y corredoras recogiendo sus paquetes, amigos que se demuestran su amistad con un abrazo fraternal, las grandes filas de gente sana. En el exterior de la Facultad y por todos lados puestos de ropa, energéticos, revistas, películas, de todo para el corredor. Después de esta tan asombrosa hazaña, mi hermana Aimé y yo decidimos desayunar, caminar un rato para reconocer el terreno de batalla y listo, ir al hotel a disfrutar de un merecido descanso en la alberca. Más tarde comer y reconocer las playas cercanas, admirar el inmenso mar y ver la puesta de sol. De regreso al hotel, hacer los preparativos para la carrera, repasar la nueva ruta del recorrido, puntos de abastecimiento, preparar la ropa deportiva y listo, ¡a cenar se ha dicho! Esa noche fue de cena ligera y buena hidratación.

Los despertadores sonaron, los nervios comenzaron. Mi hermana se levantó y tomó una ducha, mientras yo tranquilizaba mis nervios: un poco de café, un pedazo de pan y agua; sí una buena ducha para terminar de despertar y listo, todo listo: playera, pants, tenis y chip en el tenis izquierdo, un chorizo de nudos para que la agujeta aprenda a no soltarse y en ruta a la línea de salida.

Salíamos del hotel. Boca del Río en calma total; la mañana oscura, el ambiente fresco. Conforme nos acercábamos a la Facultad de Educación Física de la Universidad Veracruzana, se empezaba a percibir el movimiento. En las calles, la euforia en su máxima expresión; corredores por todas partes realizando su ritual acostumbrado. —Vamos al baño, —le digo a mi hermana, la cual asienta con la cabeza y derechitos..., mientras esperamos turno calentamos y repasamos los últimos detalles: ruta, puntos de abastecimiento, ritmo de carrera y… no salen del baño y la carrera está a punto de iniciar. Después de unos minutos por fin toca turno y vámonos a la línea de salida, a escasos cinco minutos del cañonazo de salida.

El reloj marca las siete de la mañana; la salida es tan rápida que no dio tiempo siquiera de terminar de calentar. Daba inicio la "Sexta Edición del Medio Maratón Puerto de Veracruz" en las principales calles de Boca del Río, donde nos daban la bienvenida a más de 2 mil atletas. Al ritmo de carrera de mi hermana Aimé salí y disfrutéde su compañía por un par de kilómetros, pero al final cada quien libraría su propia batalla, cada quien a su propio ritmo. Con un "relájate", "disfrútala" y un "hasta pronto", la distancia que nos separa se hace cada vez mayor. Estoy pasando ya por el kilómetro tres. Tengo sed, por lo que me apresuro a destapar mi botella con agua, dándole un par de tragos y pienso: —uno para afinar la garganta, otro para tomar, y uno más para llevar; de repente, un "marinero" sediento con acento extranjero me dice: —podrías regalarme un poquito de agua; volteo y veo su rostro afligido como quien está a punto de desfallecer —claro que sí —le digo; le paso el vital líquido, que presurosamente lo destapa y lo bebe; retomando vitalidad me regresa la botella y poco a poco me alejo de él, expresándome su eterno agradecimiento. Dos kilómetros y un camellón me separan de mi hermana que viene a su ritmo y en sus pensamientos, sin ton ni son, grito a tono de música —♪vamos Aimé, tú sí puedes, ♪tú sí puedes; —mientras se pierde el eco de mi voz y yo con él. Voy corriendo sobre la costera, volteo y el mar es tan inmenso, que como canto de sirena que me atrae hacia él sin poder rehusarme, me pierdo en su inmensidad: primero admirando su movimiento en acompasado vaivén; el sonido relajador y sereno, el vaivén de su armónico oleaje. Mientras los kilómetros se consumen sin darme cuenta, vienen a mi mente imágenes, sonidos y olores del recuerdo, recuerdos de mi juventud, de convivencia familiar, de la fortaleza de mi madre, de aquella aventura inolvidable al lado de mi familia, una aventura que nunca olvidaré. Este pasaje familiar me ha llevado al kilómetro nueve, dicen que el recordar es volver a vivir, no estoy cansado, me siento lleno de fortaleza por los recuerdos. Volteo y puedo ver el hotel en el que nos hospedamos. Llegando al kilómetro doce los espectadores, que a manera de barrera humana, hacen estrecho el camino y nos exigen pasar de uno por uno; este panorama es agradable a mi vista y me gusta, me identifica con ellos. Los espectadores aplauden y nos transmiten fuerza y espíritu de lucha, en general gente bonita, así son los veracruzanos.

Sin poder entenderlo, en el kilómetro catorce un dolor intenso me da en la articulación sacroilíaca —es tiempo de disminuir el ritmo de carrera —pienso; no me lo puedo explicar, mis piernas están empezando a sentir cansancio y el lado derecho de mi cerebro quiere desistir, mientras mi lado izquierdo dice sigue, relájate y disfruta. Repentinamente, de la nada, sale un corredor con carrera zigzagueante y lleno de vitalidad —¡esa porra no se escucha! —grita a manera de canto, para lo cual obtiene como respuesta un agradable alboroto de los espectadores, que llenos de euforia levantan sus manos para chocarlas con la mano de mi amigo el corredor desconocido, quien les vuelve a decir con voz firme —¡ánimo porra! Nuevamente los espectadores se alborotan y nos empiezan a lanzar frases cargadas de energía suficiente para todos los corredores, quienes agradecemos sus esfuerzos. —Qué curioso, es el único deporte donde los espectadores no pagan su entrada y se divierten, mientras que los protagonistas sí pagan su entrada —pienso; es como un chiste de mal gusto, aunque somos nosotros los que nos dejamos llevar por esta locura del correr. Sabemos que es un delicioso manjar que nos llena de vitalidad y fuerza, que nos purifica y nos hace sentir satisfechos, sin importar que tengamos que pagar por participar. De repente, una voz me saca de mis pensamientos, es un abastecimiento, sin pensar y sin detenerme me acerco y le tomo un vaso con agua a una hermosa veracruzana.

A estas alturas del recorrido estoy perdiendo el ritmo de carrera, se hace más intenso el dolor en mi sacroilíaco y mis piernas están a punto del colapso; creo que es tiempo de abrir un glucogel y pasarlo con un poco de agua, no lo quiero hacer pero es necesario, así que lo abro y me lo tomo poco a poco hasta llegar a la mitad de la envoltura. Presurosamente lo guardo mientras me digo: —olvídate, para el siguiente medio no lo voy a tomar. Concentrado en la carrera vuelvo la vista una y otra vez para visualizar a Aimé y nada, no la veo. Sin darme cuenta vuelvo a profundizar mis pensamientos en las aguas del mar del Golfo de México, aguas que en 1521 fueran navegadas por los españoles y que luego fueran vivo escenario de un adiós al General Porfirio Díaz. Veracruz de la fiesta y la alegría, del Carnaval y los sones jarochos, de las actividades subacuáticas y la historia. Nuevamente vienen a mi mente los recuerdos de cuando vine a bucear aquí, en estas aguas, qué sensación, qué silencio; aún siento las corrientes de agua fría envolviendo mi cuerpo; esas inmersiones diurnas y nocturnas; esta soledad que nos hace presa fácil, los bancos de peces inmóviles, otro mundo. No cabe duda, cuando Dios hizo las cosas no se equivocó en nada. Estos son mis pensamientos, cuando de repente veo venir nuevamente el hotel en donde nos hospedamos. Estoy a escasos dos kilómetros de finalizar y quisiera que esto no terminara pero, así es la vida, hay que disfrutar de ella mientras te encuentres aquí.

Entro a la pista de atletismo del estadio de la Facultad de Educación Física de la Universidad Veracruzana, doy una vuelta y la línea de meta se extiende a todo lo ancho, he triunfado, qué alegría, he cumplido, me siento y soy feliz; fui con todo, no guardé nada para el final, rompí mi propia marca, hice dos horas, dos minutos y catorce segundos, ¡no lo puedo creer! Mientras estoy en mis pensamientos, —señor le quito su chip; —me detengo y precisamente en este momento, el ácido láctico hace su función, un calambre invade mi pierna, mientras le digo a la hermosa chica —¡espérame, ahorita me lo quito! Camino suavemente en círculos; ella insiste diciéndome —no se preocupe señor, para eso estoy yo aquí; usted no se preocupe; —qué amable —le digo; —espero no pierdan este don que tienen los veracruzanos. Al poco tiempo me dirijo a la zona de recuperación y la entrega de medallas; posteriormente al fondo del estadio ¡pasto en donde tirarme y relajarme!, hacer ejercicios de estiramiento para estabilizar mi corazón y eliminar un poco del dolor. Cuarenta minutos han pasado y no veo llegar a mi hermana, —¿qué pasa? —me empiezo a preocupar; cincuenta minutos han pasado y justo en ese momento, veo a mi hermana Aimé entrar a la línea de meta desecha por la distancia, sus mejillas de un color rosado y el reflejo del agotamiento y el dolor en su cara; su cuerpo encorvado y ensimismada en sus pensamientos, pero firme en su decisión, una guerrera indomable, como todas las mujeres: frágiles por fuera, pero fuertes como la ola por dentro; este llamado me ha producido tanta euforia, que lleno de endorfinas corro para darle alcance y verla cruzar la línea de meta, darle mi más cálido recibimiento.

"Agradezco a Dios por este gran aliento de vida y le pido que me deje hacer lo que más me gusta y si ésta es mi última carrera, que sea para llegar a Él"

IV Medio Maratón ESPN-JUMEX Sport
(01:57:29)

(2 de mayo de 2010)

Dos crisis severas me han invadido por la tarde y la noche, he tardado 25 minutos en caminar una distancia menor a 13 metros, de mi cama al sanitario; el paracetamol de 500 mg y el diclofenaco de 50 mg, no detienen este agudo dolor. Los malestares en mis articulaciones sacroilíacas, acetábulos, esternón y ciáticas me impiden caminar; mis movimientos son torpes; mis costillas dorsales crepitan y duelen con la inspiración y el roce de la sábana y hasta con el mínimo movimiento. Adicionalmente, el dolor y rigidez de mi cuello dificultan todo tipo de movimiento y esfuerzo, me acomodo de una y otra forma en la cama para detener el malestar, pero no lo consigo. Con un grito desesperado —¡Dios ayúdame, por favor!, como puedo me levanto sosteniéndome de la cama, los muebles y los sillones; con paso descoordinado e inseguro que no soporta mi propio peso, y seguido por un dolor infinito y un quejido inmenso camino al sanitario; 40 minutos después vacío agua hirviendo en un envase de plástico que envuelvo en una playera y lo coloco en las partes sacroilíacas, esternón y cuello; esto me hace descansar un poco hasta entrada la madrugada, perdiendo el conocimiento, a consecuencia del cansancio y el dolor extremo. Mientras me pierdo en este profundo y cansado sueño, le pido a Dios que me quite el dolor y me dé la oportunidad de ver un nuevo día para hacer lo que más me gusta, pero también le pido que si es el último, que sea para llegar a Él.

El lunes siguiente tengo cita con el reumatólogo, para lo cual, el viernes me hago los análisis requeridos para estar preparado. —El próximo domingo no podré asistir a la carrera que tanto esperaba —pienso, sin embargo, dejo que el paso del tiempo defina la situación.

El sábado 1 de mayo, después de un buen desayuno en compañía de mi hermana Amanda y mi sobrina Sara, fuimos a recoger el paquete del corredor. Fue una tarde agotadora, de mucho calor y caminar. Por la noche colocar el número en la playera, preparar las calcetas y masajearlas, pants, tenis, crema, curitas, agua, alegrías y todo lo necesario; repasar la ruta, altimetría, puntos de abastecimiento, sanitarios, tarjeta de circulación, cámara fotográfica y una buena dotación de uñas para los nervios. Una ducha con agua tibia para relajar mis articulaciones y mi cuerpo, así llego la hora de dormir. Mientras dormitaba, planeaba el ritmo al que debería correr, ya que se trataba de un medio maratón. Dos domingos antes había corrido dos carreras: una 6 K (Carrera del Agua) y una 10 K (X Carrera Imagen Ciudad de México 2010), y me preguntaba —¿podré terminar el 21 K?

Esa noche fue estresante, mientras dormía, soñaba que no llegaba a tiempo a la carrera, de repente escuchaba el cañonazo de salida y corría para salir junto con el bloque de corredores, sin embargo, corría y corría y nunca pasaba de la línea de salida. Con mi frustración de no llegar a la línea desperté; el celular sonaba, indicando que ya era la hora. Agitado por la pesadilla me puse de pie y me vestí con el equipo del corredor, todo en su lugar de manera perfecta. Cuarenta minutos después ya estábamos en camino mi hermana Mili, mi sobrina Sara y yo. Como en todas mis carreras anteriores, conforme se aproximaba la hora se incrementaban las ganas de ir al baño, por lo que al llegar al lugar tuve que ir corriendo a "tirar el miedo".

El lugar aún está oscuro, los enormes árboles impiden que se asomen los últimos rayos de luz que nos regala la luna, anunciando su retirada. Hace frío y hay mucho movimiento, los organizadores presurosos hacen los últimos ajustes del evento, las ambulancias toman su lugar, los motociclistas preparan su ropa, los corredores llegan uno tras otro, solos o acompañados, algunos calentando, otros trotando y otros haciendo los "últimos ajustes" en los sanitarios. Hay euforia y nerviosismo en el ambiente.

Como siempre calenté en el sitio; llegada la hora les di un fuerte abrazo a mis hermanas y sobrina. Me coloqué en el bloque de salida correspondiente con mi brazalete y busqué el mejor lugar. Repasaba los últimos detalles mientras seguía calentando. Entre aplausos y gritos de los espectadores retumba el disparo de salida. Mientras escribo esta reseña, aún puedo sentir la euforia de los corredores y de los espectadores. Unos antes y otros después salimos, algunos inmersos en sus pensamientos, otros confirmando su ritmo de carrera, algunos más ajustando sus cronómetros y los menos nos preguntamos si tendremos las fuerzas suficientes de regresar a la línea de meta y ver con gozo un instante más de vida.

Repican en mi mente las palabras de aliento de mi sobrina: —"vamos, tú puedes tío", mientras me alejo del bloque de salida. Hasta el kilómetro cinco me siento bien, pongo atención a la ruta por donde vamos, paso a paso dejamos nuestros temores y nos vamos abriendo camino a la libertad anímica y espiritual; —después del kilómetro 10 todo lo que corra es ganancia —me digo, aunque dentro de mi corazón sé que voy con todo y no guardo nada para el regreso. Como es mi costumbre, cada metro que corro es uno menos que se acumula en la cuenta regresiva.

Como en una batalla campal, el sol no se deja esperar; los enormes árboles como guerreros indomables, erguidos, uno al lado del otro, nos defienden de los poderosos rayos del sol, utilizamos su sombra como escudo, como si fuéramos sus hijos nos cobijamos. Conforme van pasando los kilómetros me invade una nostalgia, recuerdos de mi familia y de mis padres, de mi infancia, creo que las endorfinas están haciendo su función, sin embargo, esto me da fuerzas para seguir adelante. En el kilómetro 11, mi amiga "Dolores" hace su aparición triunfal: las articulaciones de mi sacroilíaco me anuncian que debo bajar el ritmo, sólo así me acuerdo de Dios y lo que sufrió por nosotros, entonces, sin que nadie se dé cuenta me seco las lágrimas y le ofrezco este esfuerzo a Él, le doy gracias por permitirme seguir haciendo lo que más me gusta y en secreto le digo con voz queda: —si ésta es mi última carrera, que sea para llegar a ti.

De pronto, una voz me saca de mis pensamientos: es un abastecimiento de agua y unos metros más adelante otro de bebida isotónica, otro de plátanos y naranjas, sin detenerme los agarro y trago a trago los voy bebiendo. Los kilómetros ahora pasan lentamente; el sol se ha colocado en la parte más alta y ahora somos presa fácil. Mis dolores van en aumento; mi zancada se vuelve cansada y recortada; un paso a desnivel, una calle, una avenida, qué importa, vuelvo la cara para ver a los corredores, algunos pasan a mi lado, otros los voy dejando, pero todos vamos por un mismo fin: llegar. Hombres, mujeres y niños se hacen notar, algunos con matracas, otros gritando, pero todos dándonos aliento de vida. En lo alto de un edificio un par de niños se dejan escuchar —son unos locos —gritan, les doy las gracias con un grito, porque me han regalado un poco de motivación y me digo a mí mismo —qué bonito es hacer locuras y no pasar desapercibido. Siempre he creído que la mejor forma de conocer la Ciudad de México es recorriéndola y qué mejor locura que ésta que hacemos los locos corredores.

Kilómetro 18, corro completamente aniquilado, veo corredores rebasarme y, al levantar la vista puedo ver muchos corredores que engrosan la fila, apoderándose de todo lo ancho de la avenida. Apenas van mientras yo regreso, un camellón hace la diferencia, lo que me devuelve el ánimo y al recordar que este gran esfuerzo es para mí Salvador retomo fuerza, inspiro fuertemente y les grito a los corredores —ánimo corredores, ya casi llegan. A lo lejos escucho la algarabía de los espectadores y del animador que narra el evento y pienso: —esto es señal de que estoy cerca de terminar. Entramos al bloque de llegada donde la euforia de espectadores y corredores no se deja esperar: aplausos, gritos, canciones, repentinamente un grito hace que vuelva la cabeza: —ahí viene mi tío, —¿en dónde?, —pregunta mi hermana, que presta con la cámara inicia la sesión fotográfica. Con una gran felicidad me dejo notar; levantando los brazos, digo —gracias Señor por regalarme este momento más de vida y darme muchas horas de inmenso placer.

"Con el paso del tiempo y la distancia he aprendido a no juzgar, las cosas se hacen por una razón y todas son válidas y valiosas, excepto las que carecen de un fundamento verdadero"

XXX Medio Maratón Día del Padre
(01:55:57)

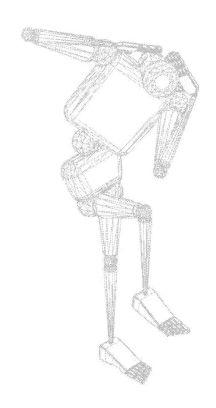

(20 de junio de 2010)

Y aquí estoy, desde un mes antes inscribiéndome a la edición 30 del Medio Maratón del Día del Padre. —Es el justo medio que no me pienso perder —me decía, mientras terminaba de leer nuevamente la inscripción. Para asegurarme que no la perdería, guardé mi contrarrecibo en la cartera donde guardo la tarjeta de circulación del vehículo. Así fueron pasando los días, sin preocuparme, total, ya estaba inscrito y este gusto nadie melo quitaría. Justo una semana antes de la batalla me iniciaron algunos dolores en la ciática y en el empeine del pie izquierdo. Por las madrugadas me ponía fomentos de agua caliente en la nalga izquierda, a la altura donde tenía el malestar, lo cual me proporcionaba alivio suficiente. Por las noches introducía los pies en agua caliente y les daba un buen masaje con ungüentos "mágicos" a mis compañeros de aventura, o sea, a mis pies.

Recuerdo que la noche del viernes llegaron a la casa mis hermanas y mis sobrinas, claro que para esa hora estaba bien dormido en mi cama. Por fin llegó el día de recoger el paquete del corredor. Me levanté temprano, un sueño de persecución me obligó a hacerlo, para lo cual no opuse ninguna resistencia. Así que me vestí con la playera de la edición anterior, desayuné y listo, aquí iniciaba una nueva aventura que terminaría al día siguiente. Por la tarde del sábado, después de tomar una merecida ducha, me sentí consentido, comí un delicioso y exquisito arroz rojo con dos huevos estrellados y bastantes frijolitos, ¡ah, qué delicioso manjar!, era exactamente lo que me pedía el cuerpo, quedando como máquina de reloj suizo. Por la noche preparé todo lo necesario para robarle tiempo al tiempo y dormir un poco más. Era la edición 30 y debía lucir mi playera de manera perfecta, de tal modo que no se cubriera la leyenda alusiva a la edición treinta del "Medio Maratón del Día del Padre". Seleccioné las calcetas más cómodas y también las consentí, después de todo, ellas consentirían mis pies. Limpié los tenis, los sacudí dándoles un leve masaje flexionándolos según sus comisuras. Quería lucir excelente, no, más que eso, quería lucir elegante en esta carrera conmemorativa.

Una voz muy dulce y delicada me cantaba al oído, era una canción muy relajante que decía: —ya párate, ya es hora de correr... un sobresalto me sacó de mi efímero sueño. ¡Ya son las cuatro de la mañana, ups!; se suponía que a las cuatro y media saldríamos de la casa para dirigirnos al lugar donde se libraría la batalla. Estaba decidido, no me perdería esta carrera planeada desde hacía un año, así que a correr y mientras me vestía, repetía: —playera con número oficial, ¡listo!; —pants, ¡listo!; —pies "apapachados" con un poco de crema para fijar las calcetas y dos curitas, ¡listos! —tenis y chip en el lado izquierdo, ¡listos! ¡Listo!, ¡listo!, ¡listo! "Cabe mencionar que ésta es una técnica que usan los japoneses en la industria y que en la actualidad, empresas como PEMEX la utilizan, pues mientras realizan sus actividades, las confirman con la palabra ¡listo!, para que quede todo bien claro. ¿Quedó claro? Bueno, comí un poco de pan y tomé un poco de café, mientras mis hermanas y sobrinas terminaban. Al poco rato, en ruta al campo de batalla.

La mañana es oscura, la luna alumbra el camino. En la distancia se pueden escuchar los rugidos de los monstruos metálicos que con gran motor y potentes luces se hacen notar. La mañana es fresca, cuánta frescura no había habido; los árboles hacen una reverencia al paso de la vida, aún duerme la Ciudad de México, todo lo que habita en ella en calma total. Voy conduciendo a la velocidad permitida, llevo cuatro pasajeros, los mejores, motivo suficiente para conducir despacio y bien despierto. Sé que Dios nos acompaña y nos da su bendición. Al rítmico pasar de los cientos de metros en el Periférico, se empieza a notar el movimiento. En un puente vehicular, antes de entroncar con Viaducto Tlalpan, un globo azul de grandes dimensiones luce en tan fino espacio sobre los camellones que separan la vía rápida y la lateral del Periférico. Vasos amontonados, agua y bebida isotónica; colgadas de los puentes peatonales, mantas con frases alicientes que aguardan en completo silencio.

Pasando el puente vehicular Muyuguarda en dirección al Bosque de Tlalpan, un letrero de grandes dimensiones indica "kilómetro 10", éste me hace pensar que será el mismo circuito que se trazó el año anterior, 2009, por lo que contradice lo que indicaba la convocatoria, sin embargo, no tiene la menor importancia, de hecho, ésta es la mejor ruta. En esta ocasión y pese a mis malestares, ya estoy más preparado, vengo prevenido y sé cuáles serán los puntos más difíciles del recorrido y es ahí donde yo, todo un guerrero, traigo mis estrategias para vencer.

Por fin llegamos al Centro Comercial Perisur y cuál sería la sorpresa: el estacionamiento ¿cerrado? Se abrirá a las siete treinta de la mañana, nos indica un guardia de seguridad. —No puede ser, a esa hora se dará el disparo de salida, señor oficial —pienso, y como si el guardia de seguridad me escuchara, responde con prontitud —hay dos estacionamientos: uno muy al sur y otro muy al norte, o lo puede dejar en la calle que rodea al centro comercial. Ni tardo, ni perezoso conduzco a ese lugar.

A estas alturas del partido, lo único que quiero es llegar, —me...
me urge un sanitario para tirar los nervios —comento. La mañana es fresca; aún se puede divisar su manto estrellado y oscuro. Los corredores empiezan a llegar; movimiento por todos lados: unos hacen sus rutinas de calentamiento, otros se saludan y se abrazan, y muchos otros hacen largas filas. A lo lejos se escucha: —bienvenidos al 30 aniversario del Medio Maratón del Día del Padre; la euforia en todo su esplendor, la banda de música tomó nuevamente su acostumbrado lugar, en el mejor de los sitios. Los corredores se amotinan en los carriles centrales del Periférico, según su brazalete y sus objetivos; más corredores, muchos más llegan del hermoso Estado de Hidalgo, de Toluca, de Puebla; algunos otros extranjeros que han decidido participar, desde luego los africanos y los más del Distrito Federal, de la bella Ciudad de México. Nos damos cita más de once mil corredores, todos con un objetivo, ¿cuál?, ¡su objetivo personal! Muchos de ellos familias enteras, padres o madres, hijos que algún día serán padres, todos con un firme objetivo: participar en la edición 30 de este medio maratón.

Inesperadamente empieza la sesión fotográfica, mi hermana Mili toma algunas fotografías, mientras yo inicio mi calentamiento personal. Mi hermana Lulú y mis sobrinas Diana y Sara nos observan en silencio. Me imagino que mi hermana Lulú está reviviendo en su corazón la grata experiencia que le dejara correr los 5 K en el Estado de Hidalgo, "la Bella Airosa". Repentinamente, una voz me saca de mis pensamientos: —los corredores ya están tomando su lugar, faltan escasos 20 minutos para el disparo de salida. Los participantes caminan presurosos hacia los bloques de salida, los espectadores toman su lugar a lo largo de la cerca metálica que los separa de los corredores. Termino mi rutina de calentamiento y listo, a tomar posiciones; mis hermanas y sobrinas se ponen de acuerdo para videograbar el evento, mientras yo me dirijo al bloque de salida que me corresponde, marcado con un arco de globos azules.

El momento se acerca, en posición de espera, espero; volteo y vuelvo a voltear; corredoras y corredores, muchos en sus pensamientos, muchos dándose el último abrazo, felicitándose por el Día del Padre. En el ambiente se respira adrenalina; la banda comienza a tocar el Himno Nacional Mexicano, se observa el respeto de los corredores y de los espectadores mientras lo entonamos, no podía haber otro momento mejor; por un lado los juegos olímpicos; por el otro, nosotros corriendo por la vida; a estas alturas, mi malestar ha desaparecido. Me levanto en puntas para echar un vistazo hacia Periférico Norte y lo único que visualizo es la enorme fila de corredores; volteo hacia Periférico Sur y lo único que alcanzo a ver es la enorme fila de corredores. Una gran emoción invade mi ser, hay que felicitar al osado corredor que hace 30 años se le ocurriera tomar el Periférico y hacer realidad su sueño, un sueño del cual hoy, domingo 20 de junio de 2010 soy parte, porque ahora es mi sueño y el de más de once mil corredores; —gracias de todo corazón guerrero incansable, alma de campeón —pienso. De repente el cañonazo de salida me saca de mis pensamientos, la columna humana empieza a avanzar; a lo lejos puedo ver que como acordeón, la columna humana se alarga cada segundo, en mi bloque no hay movimiento — ¿qué pasa? —me pregunto; los segundos se hacen minutos. Inesperadamente, un pequeño espacio delante de mí, un espacio que se empieza a hacer cada vez mayor, que por razones circunstanciales me obliga a moverme. Doy mi primer paso, como cuando se aprende a caminar, temeroso de la gran multitud de corredores; doy otro paso ¡qué gran valor tiene!, después otro, al mismo ritmo del espacio vacío, muchos otros corredores y yo los vamos llenando, paso a paso voy por la vida, hasta que el paso se hace un trote suave que se transforma en un trote rápido con el paso de la distancia y del tiempo, haciendo más intenso mi estado anímico. De repente se extiende frente a nosotros la gran manta de salida, por fin, a escasos diez metros de activar el chip de la vida y dar inicio a mi batalla personal.

Me voy a la batalla y me llevo el beso y el abrazo sincero de mi familia, un buen deseo de todo corazón, que todo salga bien. El recuerdo de sus caras: ¿por qué lo hace y para qué lo hace? Cuando esté desfalleciendo en la batalla, esto me servirá de aliciente para finalizar; voy con todo y no gurdo nada para el regresoy entonces le agradezco a Dios por darme un día más de vida y movimiento, por darme la oportunidad de hacer lo que más me gusta y le pido que si ésta mi última carrera, sea para llegar a Él. El sonido infinito del chip ha sido activado devolviéndome de éste, mi pensamiento sincero.

Voy trotando por el carril derecho del Periférico, atento, para detectar a mi hermana y sonreír a la cámara de video; la veo venir y le hago un movimiento para llamar su atención y no pasar desapercibido. Troto a la expectativa, ya que hay tantos corredores que apenas puedo moverme, pensando en el ritmo planeado. Me recuerdo: —en una carrera de medio fondo no se debe correr al inicio a máxima velocidad; los arrancones de inicio no hay que hacerlos, ya que gastas una cantidad impresionante de energía y al final te desgasta y pagas las consecuencias; a ritmo, hay que correr a ritmo. De repente me doy cuenta que ritmo, sí llevo, pero no es el planeado, por lo que decidido tomar al "ritmo por los cuernos", —¡voy! —digo con voz firme, para lo cual, dos corredores que al escuchar se hacen hacia los lados con precaución; —adelante —contesta uno, los rebaso y empiezo a tomar mi ritmo, retomo y vuelvo a rebasar; siempre volteando para ambos lados, por donde corro. Inesperadamente, un corredor sale de la nada y con potente voz me dice — ¡paso!, justamente en el instante que remonto para rebasar; inmediatamente controlo mi paso y —¡vas! —le digo, mientras pienso —qué bueno que estoy acostumbrado a voltear para ambos lados antes de rebasar, que si no, ¡ups! Veo el primer abastecimiento: agua embolsada, ¡insisto! la organización del evento se ha sacado otro diez de calificación, se nota que ellos saben de las necesidades de los corredores. Sin detenerme tomo una bolsa con agua, la destapo y vierto el vital líquido en mi boca. Más adelante Mariachis que interpretan, con el buen ritmo que los identifica, "el Mariachi Loco", por obvias razones no me puedo quedar a escuchar y deleitar mis oídos, — ¡ánimo mariachis! —grito. Más adelante, una manta colgada sobre un puente peatonal me hace voltear y su susurro de aliento me llena de energía positiva y al observar; ¡sorpresa!, en ese mismo puente un montón de espectadores eufóricos aplauden y gritan, derramando energía positiva, ignoro si va dirigida a un corredor en especial, sin embargo, tomo de esa energía positiva que se desborda de aquel puente y que cae como cascada de agua cristalina impregnada de vitalidad por encima de los corredores que la atravesamos. Qué emoción, los espectadores a bordo de sus vehículos pasan por la lateral del Periférico y nos mandan descargas de alicientes frases, de energía suficiente. Ante tal barullo, los espectadores se asoman presurosos desde las ventanas de sus casas para vernos pasar, los que van caminando se acercan a los carriles centrales del Periférico, asombrados de ver tantos espectadores corriendo; todos toman parte y quieren ser protagonistas de esta "locura de vida", o mejor aún, de "un gran sueño de vida". Con matracas rústicas y modernas en forma de manos, con dispositivos escandalosos, con gritos de —ánimo corredores, sí se puede, arriba papás, vamos mujeres —nos van dando la bienvenida. Paso a paso, metro a metro, kilómetro tras kilómetro, no se han dado cuenta que ya son parte de este "magnífico sueño de vida", que ha quedado impreso en el pavimento, en el lugar y en su gente por 30 largos años.

La mañana sigue fresca, no ha salido el sol, quizá está tan entusiasmado observando un cambio de actitud en la multitud, en los miles de corredores y en los demás espectadores de todo el lugar; que se le ha olvidado salir y regalarnos una dosis de energía radiante. Y así siguen pasando los kilómetros. Repentinamente otra voz me vuelve a la realidad, es otro abastecimiento: agua y bebida isotónica, no lo hago esperar y tomo de la vida lo mejor, dos bolsas con agua, una la guardo en mi pants, la otra la abro y la vierto en mi boca; más adelante tomo otra bolsa con bebida isotónica y después de enjuagarme la boca, le doy un par de tragos y continúo con mi cansado correr. A lo lejos veo un globo azul con una publicidad alusiva que me hace recordar que una hora antes la habíamos pasado;

eran otras condiciones y otros los compañeros del correr. Con esto recordé que era un puente vehicular con una pendiente no muy pronunciada, que podría dañar a un corredor desfallecido, por lo que tomé mis precauciones. Más adelante la algarabía se dejó escuchar: "viva México", sí, muchos de los corredores de mi alrededor empezaron a gritar "viva México"; volví la mirada y me di cuenta que un corredor africano iba en primer lugar, seguido, varios metros atrás, por un corredor mexicano. Esperé, esperé, esperé y sucedió lo inesperado, ningún corredor dijo palabra altisonante, ¡me quedé sorprendido! Ya habían aprendido mis compatriotas, ¡los corredores corremos!, y gana el que mejor se ha preparado, sin importar nada más. Somos corredores y competimos con nosotros mismos, no hay vuelta de hoja.

Después de un año de espera corrí a mi ritmo, sin malestar alguno, libre, sorprendido, emocionado, con un nivel intenso de endorfinas, disfrutando la carrera al máximo. Pasamos Viaducto Tlalpan —me decía —estamos casi llegando al puente

Muyuguarda, que es el equivalente a decir más de nueve kilómetros.

Me vuelvo a introducir en mis pensamientos —hace un año era la edición 29, la misma distancia, el mismo festejo, pero otros los compañeros del correr —en este mismo kilometraje mi hermana Aimé ya estaba junto a mí, dándome ánimos.

Repentinamente, la columna de corredores se empieza a desviar hacia el lado derecho, para sacarnos por la lateral del Periférico, reduciendo la distancia de separación entre nosotros, puedo notar que estamos próximos a subir el puente Muyuguarda y emprender el regreso.

Como puedo voy esquivando corredores y corredoras que al sentir la pendiente pesada de la cuesta arriba, comienzan a sucumbir, en eso me viene a la mente —estoy corriendo a mi ritmo y estoy disfrutando esta carrera, no pienso darme por vencido. En ese instante, mi mente vuela al parque de los Olivos, al parque de los árboles milenarios, el cual, durante más de 20 años me diera la fortaleza que ahora tengo; el parque de las pendientes pronunciadas y difíciles —cuántas veces me viste caer por tus pendientes y fuiste motivo de inspiración, camino de enseñanza y meditación; definitivamente este puente de Muyuguarda no iba a detener mi paso y mucho menos a destruir mi plan de carrera. De pronto, la voz de un guerrero incansable se oyó: —¡ánimo corredores! ¡Esto es todo lo que tienes puente… va… ahora, a bajar! ¡Qué explosión de energía en el momento justo, cuando las piernas empiezan a sucumbir! Esta ráfaga de energía en forma de pensamiento atrevido atraviesa todo mi ser, mientras un escalofrío recorre todo mi cuerpo; el aire empieza a soplar y siento su fuerza golpear mi cara, la frescura de la mañana, ¿quién más?, pero súbitamente, como quien quita un disco, vuelvo a la realidad, me veo bajando el puente a otro ritmo, a uno no planeado que se incrementa con la inclinación de la pendiente, ¿qué hacer?, ¿disminuir el ritmo o no? Ésa es la pregunta. Cuando por fin me decido a bajar el ritmo de carrera, el puente ha finalizado y me encuentro en el kilómetro diez.

El abastecimiento es bueno: agua, bebida isotónica, naranjas y plátanos, en broma me digo —creo que ya hice mis compras del día de hoy. Cada puente peatonal que atravesamos es una cascada de energía. Los espectadores se asoman por entre sus rendijas para vernos pasar, los menos, que ubicados a las laderas de la ruta trazada por miles de corredores nos envían ráfagas de energía pura, en forma de frases que para los corredores desfallecidos y no, son de aliciente. De estas emisiones de energía vital también debemos abastecernos, ahora y a lo largo de la vida, son la bebida del alma y no cuestan mucho y además de excelente calidad humana, no tienen maldad y sí mucha fuerza. En estos momentos es cuando los seres humanos nos sensibilizamos y regalamos de todo corazón nuestros mejores sentimientos, sin miedo a la censura y a la recriminación. A lo lejos veo una "casa de humedad", que a manera de gotas pequeñas refrescan a todos los corredores que la atraviesan. Todos queremos un cambio, la mañana está corriendo, el sol también; el calor se ha incrementado, no sé cuánto tiempo hace que salió el sol, pero estoy por concluir el kilómetro 16, creo que es mi imaginación, pero mis piernas están resintiendo una cuesta arriba como por arte de magia, miro por arriba de algunos corredores y cuál es mi sorpresa, es una cuesta arriba y según creo es la más pronunciada, espero no bajar mi ritmo. Los metros pasan lentamente, los kilómetros se hacen más de mil metros, y esta pendiente no se termina. Comienzo a bajar mi ritmo de carrera, mis piernas empiezan a desfallecer, ignoro cuánto más tendré que seguir y mucho más si aguantaré, de repente, un abastecimiento, pero esta vez es diferente, nos dan esponjas completamente empapadas con agua —¡qué delicia!, sin pensar tomo una, ni tardo ni perezoso la paso sobre mis brazos para refrescarlos, como si mis brazos estuvieran ávidos de sed, una energía empieza a circular en todo mi cuerpo y al volver la cabeza —kilómetro dieciocho —leo, me digo —esto es, voy por tres kilómetros y seré otro. Corro inmerso en mis pensamientos, al fondo escucho la algarabía de los espectadores lanzando ráfagas de energía pura —ya llegaron, eso es todo papás, no desfallezcan como nunca lo han hecho —se escucha el grito de hombres, mujeres y niños. Poco a poco los espectadores se van haciendo más; por el micrófono se escucha —adelante corredores, están entrando dentro de los primeros cuatro mil corredores. Estoy pasando el kilómetro diecinueve, voy concentrado en mi respiración, en mi cuerpo, al pendiente de no maltratarlo, las endorfinas las traigo elevadas, pienso que terminaré con mucho éxito esta carrera. Repentinamente, un grito me saca de mis pensamientos —ahí va tu tío Sara; miro pero no veo —tío, vuelvo a voltear pero ahora sí veo y reconozco ese grito, es mi sobrina, quien acompañada de mi hermana Mili corren hacia mí para intentar darme alcance, observo este cuadro de vida y mientras lo hago, quiero hablarles, gritarles de alegría, quiero correr y abrazarlas, seguramente las endorfinas están haciendo su función, pero es tanta la emoción que me invade, que mi respiración no la puedo controlar, mi pulso se acelera y mi ritmo cardíaco tiende a colapsarse, estoy completamente fuera de sincronía, empiezo a perder el control de mis piernas. Súbitamente, un cambio de temperatura recorre mi cansado cuerpo, mi presión arterial tiende a bajar, un sudor frío y un escalofrío recorren mi cuerpo y me doy cuenta que si no entro en sincronía rápidamente, pondré en riesgo la carrera, así que me enfoco en mis signos vitales, trato de controlar mi ritmo de respiración y cardíaco, bajo el ritmo de carrera y mi braceo, para sincronizar mi pisada; creo que lo estoy logrando y lo logro; volteo a ver a mis familiares, pero un kilómetro de distancia nos separa y pienso —fue una ola de energía pura, como nunca antes la había sentido, una emoción sin límites, amor puro, amor de familia, amor de Dios—. Por el micrófono el animador insiste —están dentro de los primeros cuatro mil corredores, felicidades papás, felicidades corredores; los espectadores aplauden, las matracas hacen su escándalo, corredores que han terminado, con medalla en mano nos dan adrenalina pura: familias, amigos, todos nos mandan lanzas de energía con puntas de diamante rociadas de alicientes palabras que salen de sus corazones. Más espectadores, muchos más nos envuelven en aplausos como escudos para ayudarnos a salir victoriosos de la carrera, padres con carriola en mano, pequeñines que salen de ellas y corren los últimos metros para aliarse con sus padres y vencer; hijos que corren enlazados con sus padres, por si alguno desfallece en el camino brindarle su más ferviente apoyo. A escasos 20 metros me doy cuenta que estoy frente a la manta de los vencedores, levanto mis brazos con energía suficiente, como quien quiere alcanzar una estrella y pienso —gracias Dios mío por regalarme muchos momentos felices, gracias porque me permites hacer lo que más me gusta, por darme la gracia del movimiento, del sentir y a mi familia, por compartir conmigo este gran momento, gracias.

Ya de regreso, pienso —qué diferencia: en la mañana, el Periférico era de tranquilidad y de objetivos nuevos; durante la carrera, de momentos intensos, y de regreso, el potente sonido de los monstruos metálicos y la contaminación; un día ordinario en... la Ciudad de México, mi tierra, el lugar donde nací.

"Es de corredores pedir perdón
y de amigos entender"

Maratón Experience 26.2 K México (2:37:21)

(4 de julio de 2010)

Domingo 27 de junio, aún lo recuerdo: una mañana fresca, la neblina producía paisajes a medio pintar, entre verde, amarillo y gris, salían de entre la neblina los altos y siempre verdes cerros. Los grandes palacios, juego de pelota y temazcales que se confundían con las diferentes tonalidades de gris, inspirando admiración y respeto. Puedo imaginar al más destacado de los toltecas gritar a los cuatro vientos —buenos días "Dios del Universo"—, mientras el eco se perdía en el espacio infinito llegando a todos los rincones de la gran ciudad de Xochicalco, armonizando con el nuevo día, con el universo. De uno en uno y de cerro en cerro llegaba la información al centro ceremonial Xochicalco, qué esplendor de la cultura Tolteca, en un desarrollo único. En esta ocasión iba fortificado con una buena dosis de mi familia con rumbo a la VI Carrera Atlética Ruta de los Dioses 10 K; en Xochicalco, Morelos. Un recorrido difícil, se inicia con un camino empedrado cuesta abajo, después, un camino de tierra natural cuesta arriba muy pronunciado, el problema no era de ida, sino el regreso, cuando el cuerpo empieza a desfallecer por el cansancio de la cuesta arriba siempre difícil, haciendo que hasta el más fuerte de los corredores desista. Repentinamente, un nuevo guerrero surgió y venció, su cara reflejaba el agotamiento de la distancia, inmerso en sus pensamientos, pero con su firme propósito de vencer.

La carrera concluyó y vino la calma y el descanso. El inicio de una semana, el dolor muscular en mis piernas, que al paso de los días y con un buen masaje llegara a su fin, alejando todo pensamiento de duda y reafirmando mi sentir de correr el Maratón Experience México, a pocos días de iniciar una nueva batalla, y a 2,500 años de la batalla en la llanura de Maratón, Atenas.

Por fin llegó el día de recoger el paquete del corredor, el cuál contenía un folleto que describía la ruta y los puntos de abastecimiento, así como el equipo necesario para librar la batalla entre otras cosas. En esta ocasión sería completamente diferente: una distancia nueva, cinco kilómetros más del medio maratón, ¿qué me harían cinco kilómetros más? —¡nada! —me decía, sabiendo que podía ser completamente agotador. Decidido a no pensar mucho en el tema, lo ignoré. Regresamos a la casa mi hermana, mi sobrina y yo, tomé una ducha con agua fresca, cenamos y a dormir, pero antes a hacer el ritual acostumbrado para tener todo listo para el día de la competencia. En esta ocasión, por ser una distancia diferente, ameritaba llevar un glucogel, por si desfallecía en el camino. Medianoche, párate al baño y regrésate a dormir; tres de la madrugada párate al baño y regrésate a dormir, repentinamente el despertador sonó, lo apagué mientras echaba un vistazo, —son las cuatro, otro ratito —me digo. Sin darme cuenta y volviendo a ver el reloj —¡córrele, ya son las cuatro quince y no vamos a llegar!.

De un salto me levanto, entusiasmado por el evento y el tiempo me pongo la playera y doy el aviso de inicio de la batalla —Mili ya son las cuatro y veinte, ya párate. Mientras regreso, en camino a mi habitación como puedo me voy poniendo un calcetín, para después continuar con el ritual acostumbrado hasta colocarme el chip en mi tenis izquierdo y listo, en camino a la Calzada Mahatma Gandhi, donde será el principio y el fin de la carrera.

Conforme nos acercamos, unas ganas inmensas de volver el estómago vienen a mí, creo que tanta emoción por participar en esta distancia diferente me ha producido mucha tensión, detengo el vehículo y salgo aprisa para aligerar mi estómago, sin conseguir nada. Regreso al auto y continuamos con nuestro recorrido hasta llegar al lugar.

En el lugar hay mucho movimiento: algunos corredores han tomado su lugar en los bloques de salida, algunos organizadores terminan de preparar el abastecimiento final, otros acomodan presurosamente las medallas. —Bueno, sí, uno, dos, bienvenidos corredores al Maratón Experience —se escucha al animador, dando algunas instrucciones por el micrófono. Los corredores siguen llegando de uno en uno, otros acompañados, yo con mi hermana y sobrina. Seis y diez de la mañana, me regreso al auto, inclino mi sillón y a dormitar. De un salto, mi sobrina se acurruca y a dormir; mi hermana, ni tarda ni perezosa inclina el sillón del copiloto y a dormitar también. Los minutos pasan rápido y dan las siete de la mañana.

Para esta hora los nervios no me dejan tranquilo, por lo que me obligan a levantarme de mi cómodo asiento e ir nuevamente al baño. Conforme nos vamos acercando el escenario ha cambiado, hay una fila bastante larga en los sanitarios, participantes corriendo por todas partes, algunos calientan piernas y brazos, otros vienen llegando, la circulación vehicular ha cesado, por el micrófono el animador da la bienvenida nuevamente a los más de mil quinientos corredores; en el fondo y por todas partes la música suena, música de la nueva era que con buen ritmo dice "llegarán…, llegarán…, llegarán…".

Mientras espero turno comienzo a calentar; ¿cuál es la técnica? Bueno, como las piernas corren y el cuerpo se mueve, inicio con ejercicios de repetición de cabeza y me voy hacia abajo hasta llegar a los pies, tratando de calentar todos los músculos y articulaciones por muy minúsculas que parezcan.

Las endorfinas comienzan a hacer su función. Son las siete treinta de la mañana, el disparo de salida se va a dar y la fila para entrar al sanitario no decrece. Repentinamente se escucha por el micrófono: —vamos a darles cinco minutos más a los corredores que hacen fila en los sanitarios, —qué buena onda, —escucho decir a un corredor.

Estoy a dos personas de entrar, una corredora se acerca y comenta —yo no sé porqué me pongo nerviosa, si ya he corrido esta distancia muchas veces, —a qué distancia va —le pregunto, —al 21 K —me responde, — ¿y usted? —replica, —voy por el 26.2 K, y mientras estamos en nuestro pequeño diálogo, nos toca turno simultáneamente: ella al sanitario de mujeres y yo al de hombres. Me pongo de acuerdo con mi hermana para el punto de encuentro y a paso veloz me acerco a los bloques de salida para tomar mi lugar.

Dos besos y dos abrazos me llevo como escudos de bendición; voy decidido a concluir con los 26.2 K, voy con todo y no guardaré nada para el regreso, confío que voy a terminar con éxito. Dios está de mi lado, todo me favorece, la mañana es completamente fresca y complaciente, aún no sale el sol. Se anuncia que habrá abastecimiento en abundancia, no puede salir nada mal. Confío en mí, sé que es una nueva distancia, pero me he entrenado e hidratado para vencer. De pronto, el cañonazo de salida me devuelve a mi lugar en la gran fila dentro de los bloques de salida.

Las endorfinas se han apoderado de mí, me siento eufórico, los latidos de mi corazón se hacen más extremos, siento cómo me sacuden en su agitado palpitar, mi pulso poco a poco empieza a acelerarse, la sangre fluye con gran fuerza en su continuo vaivén, mi vista se afina, mi nariz empieza a percibir el olor de la adrenalina, mis oídos se agudizan, a lo lejos la señal y en mis oídos el sonido de cientos de chips que se activan —el himno del corredor ha comenzado. Espero pero desespero, un espacio, doy un paso; otro espacio, otro paso; más espacio, camino; más grande es el espacio, acelero mi paso; extra espacio, mi paso que se convierte en trote suave, súbitamente a unos metros de cruzar el arco de salida, el arco del tiempo, transportándome 2,500 años atrás, al pasado, para librar otra batalla, pero esta vez en la llanura de Maratón Atenas.

He cruzado el arco del tiempo, he regresado 2,500 años en el pasado, mis compañeros, cientos de corredores armados de espíritu de lucha, corren todos en una sola dirección, todos con un propósito: llegar a la llanura y vencer, no será fácil, kilómetros nos aguardan en el camino, somos muchos, algunos desfallecerán, otros continuarán, mas ninguno se quedará porque otras han sido las batallas, otros los lugares, otras las distancias, otras las circunstancias, pero siempre hemos salido victoriosos.

Nuevos guerreros: los griegos con cascos de acero, nosotros con gorras de tela; los griegos con pesadas armaduras, nosotros de shorts y tenis ligeros; los griegos con escudos pesados, lanzas y espadas, nosotros con espíritu de lucha y alicientes frases de espectadores aliados.

Voy saliendo sobre la Calzada Mahatma Gandhi, corro sobre Paseo de la Reforma, para regresar por otro punto de la Calzada Mahatma Gandhi y entroncar con la Calzada Homero hasta regresar a Paseo de la Reforma. En el kilómetro 2.1 flechas de alicientes frases perfectamente afiladas y puntas de diamante renuevan mis fuerzas, armas que me dan las hermosas mujeres de la Ciudad de Atenas; Mili y Sara, mis aliadas incondicionales me ayudarán a vencer.

Corro a mi ritmo, al ritmo planeado; la llanura es nuestra, poco a poco nos vamos apoderando de ella; vamos ganando terreno: tres, cuatro kilómetros; abastecimientos de agua y bebida isotónica en abundancia, qué delicia, todo está planeado. El tiempo ha transcurrido, la algarabía ha guardado silencio, solos corremos, solos nos acompañamos, no hay espectadores en el camino, todo es una llanura, algunos corredores empiezan a desfallecer, necesitan palabras de aliento de fuerza suficiente, sé que no se van a rendir y que al final estarán allí, en la línea de llegada. Desde que salí he rebasado corredores, son pocos los que me rebasan, por cada metro recorrido nuevos compañeros del correr, como en la vida misma. En este kilómetro algunos ya vienen de regreso y son los que eligieron correr los 11.5 K, para nosotros el camino es largo.

El grueso de los corredores empieza a regresar, somos los menos los que continuamos, los espacios entre corredores se hacen cada vez más grandes, ya no tengo a quién rebasar, voy sólo. La llanura se torna difícil, es la calle Toluca, Sur, ya no sé. La llanura tiene una cuesta arriba difícil de vencer, sin embargo, vengo preparado: "paso corto y suave para no perder el ritmo y mucho menos agotarme", lo he ensayado muchas veces en el parque de los Olivos de los árboles milenarios en Tulyehualco.

Miro, miro, y vuelvo a mirar, los metros se hacen kilómetros y no veo que la cuesta arriba difícil termine, sin embargo, —en algún punto tiene que terminar —me digo. Recuerdos, más recuerdos pasan por mi mente, una cuesta arriba hace un domingo atrás no me impidió llegar, mucho menos ésta. Rebaso a un corredor, metros adelante me alcanza y me rebasa, metros más adelante lo vuelvo a rebasar siempre a mi ritmo, de reojo lo visualizo, su cara refleja el cansancio y el miedo de quedarse atrás, su pisada es larga y mucho su esfuerzo; inesperadamente, un corredor aparece de la nada, por su voz lo identifico, es viejo y sabio —no hagas zancada larga, redúcela, suave y corta, respira por la nariz, no por la boca, corre con ritmo, a tu ritmo, es como en la vida misma —pienso. Lo rebasa, me rebasa y desaparece a la distancia. Volteo y le comento —no te preocupes, toda cuesta arriba tiene que terminar y para mí que ésta está a punto de terminar, y a escasos cien metros de distancia, la cuesta arriba tiende a terminar. Bajo mi ritmo de carrera, me pierdo a la distancia, quedando el corredor aprendiz atrás.

Voy de bajada, mi zancada se acelera para ajustarse a la cuesta abajo serpenteante, tengo que controlar mi zancada —¡sí!, mi zancada es muy larga, seguramente terminaré muy maltratado —pienso, entonces, el plan estratégico: zancada corta, pero rápida, hasta el kilómetro once. El abastecimiento ahora no es tan bueno, no está donde debería estar y donde hay, sólo tienen bebida isotónica y mi cuerpo necesita agua, agua.

Desde que salí mi cuenta ha sido regresiva, por lo que me faltan 15.2 K y aún me siento bien, sé que lo voy a lograr. Árboles por doquier, la mañana sigue fresca, aún no sale el "jefe sol", observo y me doy cuenta, estoy yo aquí, en espacio y tiempo, pero solo. De pronto la duda: —¿será éste el camino correcto, iré bien? Levanto la vista al frente y nada, volteo atrás y nada, observo el suelo y busco una señal, un indicio de algo que me dé una pista y lo consigo: hay una línea blanca, larga con una punta de lanza que indica la dirección del camino, mi camino, el camino de los campeones. Entono una curva, otra curva y una más. Súbitamente, una pequeña luz, una corredora por delante de mí a escasos 250 metros, hace que toda duda se disipe, ya no estoy solo, ya no hay curvas, me doy cuenta que estamos sobre la lateral del Periférico Norte, no sé cómo pero estamos aquí. A lo lejos diviso los juegos mecánicos "la Montaña Rusa", el kilómetro no lo sé. Sigo en mi ritmo de carrera, no me han rebasado corredores, creo que es bueno. Una curva más, estoy cerca de los juegos mecánicos y reconozco el sitio —he pasado por aquí muchas veces en el automóvil con mi familia, justamente para pelear otras batallas; más adelante guardias presidenciales, un paso a desnivel que atraviesa la Avenida Paseo de la Reforma, lo atravieso con prontitud, de repente algunos espectadores se hacen notar: matracas, frases de aliciente, el ánimo de los espectadores. Salgo del paso a desnivel, mi boca se cierra para dejar de gritar, chiflar y hacer otras gracias, subo y doblo para entroncar nuevamente por la Avenida Paseo de la Reforma, estoy próximo a llegar al kilómetro 17, me siento bien, lo voy a lograr, doy vuelta para entrar a un costado de la calle del Auditorio Nacional, Campo Marte, salimos y nuevamente entroncamos con la Avenida Paseo de la Reforma.

A estas alturas el sol empieza a salir, la mañana sigue fresca, los árboles nos protegen con su sombra como escudo, kilómetro 20. A lo lejos puedo observar una casa de humedad —me voy a refrescar —me digo, y lo hago. Mientras la atravieso, un organizador me indica —los que van para la llanura de Maratón, Atenas (26.2 K) por favor les falta una vuelta. Doblo sobre la misma Avenida Paseo de la Reforma y corro a mi ritmo —lo voy a lograr —me digo. Han sido pocos los corredores que me han rebasado, son más los que yo he rebasado, a escasos 50 metros veo el kilómetro 21 —ya la hice —me digo. El kilómetro 22 me rebasa —¡seguro que sí!, lo voy a lograr. Como por arte de magia, todo cambia en un instante: el tiempo se detiene; no hay sonido que se propague en el espacio vacío, quedando suspendido en el espacio infinito; una extraña pesadez comienza apoderarse de mis piernas, la temperatura de mi cuerpo empieza a entrar en conflicto, un escalofrío, un dolor fino me invade a la altura de los riñones; el acido láctico comienza a hacer su función, estoy llegando al Auditorio Nacional, mi cuello se pone rígido, tengo ganas de detenerme, no puedo pensar con claridad, —no te detengas —me digo. Estoy llegando al Campo Marte nuevamente. Un corredor corre, pero vuelve a caminar, lo rebaso, vuelve a correr y me rebasa, pero angustiado se vuelve a detener, lo vuelvo a rebasar e intento darle una dosis de ayuda pero es inútil, existe mucha pesadez en mi boca y no consigo sacar una sola palabra, por más que lo intento, no funciona. De repente, una corredora me rebasa, otro corredor también, otro y otro más, creo que estoy a punto de desfallecer, como puedo llevo mis manos atrás de mi cintura y extraigo una paleta, me desespero, jalo el papel con los dientes —la necesito urgentemente, no logro quitarle la envoltura, —carajo —me digo, mientras mi cara dibuja un gesto de dolor, dándome cuenta que me estoy desesperando. Trato de tomar aire mientras cierro mis ojos simultáneamente, al abrirlos observo que estoy entroncando nuevamente con la Avenida Paseo de la Reforma, no sé cuánto tiempo pasó desde que destape la paleta, ni quiero saberlo, la introduzco en mi boca, la muerdo y me la trago —no lo voy a lograr —me digo con gran quejido. Mientras volteo una y otra vez, miro y observo los pocos corredores a mi alrededor, también están desfalleciendo —no lo voy a lograr, mi mente me lo repite nuevamente, un sentimiento de profunda frustración se apodera de mí. Súbitamente, la manifestación de un calambre sobre mis piernas —¡auxilio!, todo mi ser lo pide a gritos, lentamente se empieza a oscurecer todo a mi alrededor, —¿qué me pasa, si sólo eran cinco kilómetros más? —me digo; pienso que estoy a pocos segundos de encontrarme con el suelo —¡voy a desfallecer…! Un fuerte pensamiento surca mi mente —si me desmayo aquí, ¿quién me va a recoger? ¿Quién le va a avisar a mi hermana? Sin embargo, el temor comete un error. Un grupo de espectadores me lanza una fuerte ráfaga de alicientes frases de distracción suficiente que llena mi entorno, es un grupo de espectadores comunes que ha estado librando la misma batalla, junto a cada corredor que pasa justo por enfrente de ellos, sin esperar ningún tipo de recompensa, únicamente deseando que todos los corredores lleguen sanos y salvos a la Llanura de Maratón, "la Meta". Todo se empieza a aclarar nuevamente, me repito una y otra vez —no es un calambre, no es un calambre, mientras disminuyo un poco más mi ritmo de carrera; respiro profunda y acompasadamente, mientras repito nuevamente —es sólo el cansancio, no son calambres, sin embargo y como por arte de magia desaparecen; a lo lejos puedo ver nuevamente la casa de humedad, mi cuerpo caliente me la exige y pienso —la voy a atravesar— Inesperadamente, la voz de un organizador me saca de mi pensamiento, mientras atravieso la refrescante nube de agua y escucho: —los de 26.2 K por este lado llegan a la llanura de Maratón, Atenas. Dejo la Avenida Paseo de la Reforma para entroncar con la Calzada Mahatma Gandhi, un grupo de policías espectadores elegantemente vestidos nos dan la bienvenida, espectadores eufóricos y corredores satisfechos también. En el micrófono se escucha —ya casi llegan corredores, unos metros más; en el fondo una música de la nueva era nos canta "llegarán…, llegarán…, llegarán…", las miradas de muchos espectadores que permanecen a la expectativa y en especial la de Mili y Sara, dándome el último respiro de vida, como si recobrara toda la energía gastada en este cansado trote del correr se renueva lentamente mi actitud, corrigiendo mágicamente mi postura. Tengo heridas en el cuerpo, pero el espíritu de lucha sigue en pie, ahora he vuelto del pasado, cruzando estoy en el presente con los espectadores que amo, ningún camino me detendrá y menos una piedra me hará caer, sólo Dios me enseñará el camino que he de recorrer cuando me lo indique, mas no así el sedentarismo y cuando el tiempo logre dañarme con su cansado paso y mi cuerpo no pueda más, aun así seguiré mi correr con espíritu de lucha, porque fui con todo y no guardé nada para el regreso".

"La salud tiene prioridad que está
por sobre cualquier carrera"

Il Medio Maratón Emoción Deportiva
(01:56:01)

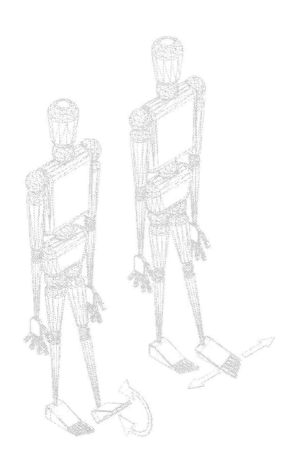

(22 de agosto de 2010)

Regresamos de Ixtapa de la carrera de Televisa Deportes, yo cansado y adolorido. Qué emoción a siete días de correr el Segundo Medio Maratón de Emoción Deportiva. Todavía recuerdo el primer medio maratón y los painanis. Obviamente no pensaba perderme esta gran carrera. Pasaron los días, pero no pasaba el malestar en mi cresta ilíaca izquierda: fomentos de agua caliente, un paracetamol y un diclofenaco cada 8 horas por tres días, un poco de ungüento por las noches acompañado de un buen masaje, eso fue todo el tratamiento. Con el paso de los días los nervios se incrementaban, por cada día que pasaba la emoción era mayor. El sábado por la mañana, decidido, me levante; más rápido de lo que lo escribo fui a recoger el paquete del corredor. De regreso a casa una deliciosa comida, una buena hidratación, una ducha de agua caliente y una camita bien acolchonada. Bueno, antes de dormir coloqué el número a la playera de forma perfecta, para que la leyenda del segundo medio maratón luciera a toda vista. En esta ocasión el lema de la carrera era: "Quétodos tus pasos siempre te lleven a tu destino". Preparé todo lo necesario, pues las cosas tenían que salir mucho mejor.

La ruta al parecer sería casi la misma que corrí en el Maratón Experience México, por lo que recordé que aproximadamente del kilómetro dos al kilómetro seis sería una cansada y desgastante cuesta arriba. Mientras me adentraba en mis sueños, la ruta se iba difuminando con mí dormir. Una de la mañana sin poder dormir; dos de la mañana párate al baño; un par de minutos antes de las tres de la mañana, —¡párate, ya es hora! —decía Mili. Me levanté e hice el ritual acostumbrado. Al poco rato en camino a nuestro destino.

Por fin llegamos, los nervios empezaron a manifestarse de forma ordinaria —necesito ir al baño —le dije a mi hermana, mientras conducía al Auditorio Nacional. Conforme nos acercábamos al lugar se empezaba a notar el movimiento. A lo lejos, un grupo de corredores iniciaba con su trote de calentamiento, otros caminaban acompañados de sus familiares y amigos al punto de encuentro.

Eran aproximadamente las seis con diez de la mañana, en las calles no había lugar para estacionar el vehículo. Después de varias vueltas encontramos un espacio y sin pensarlo nos estacionamos. Me quité el pants y salimos del vehículo para dirigirnos al Auditorio Nacional, donde se daría la salida.

Conforme caminábamos se podía sentir la alegría en los corredores y en los espectadores. —Buenos días amigos corredores, bienvenidos al Segundo Medio Maratón de Emoción Deportiva —decía el animador por el micrófono. Mientras, en el espacio infinito se podía escuchar una música acorde con el evento.

La mañana es fresca y obscura, aún se percibe el olor a tierra mojada, los árboles nos dan la bienvenida, las flores y plantas nos reciben con agradables fragancias. Gente, mucha gente, se le nota feliz, todos como hermanos invitados al mismo banquete, aún se percibe la mano de Dios pintando el paisaje.

Veinte minutos para ingresar a los bloques de salida. Con voz potente, el organizador logra sacarme de mis pensamientos. El potente destello me deslumbra, es mi hermana Mili que está tomando algunas fotografías, sin embargo, continúo con mis ejercicios de calentamiento. Diez minutos antes de las siete de la mañana, los bloques de salida ya están llenos, por lo que nos damos un fuerte abrazo, un beso y una palabra de aliciente.

Me encuentro en el bloque de salida, todos entonando el Himno Nacional Mexicano; se percibe el movimiento: unos estiran y otros en posición de firmes. Miro al frente y veo para atrás, aproximadamente 5000 corredores engrosamos los bloques de salida, sé que es un 21 K y puede pasar de todo. El conteo ha iniciado, me siento nervioso. Dios ha querido que este día en particular yo esté aquí y le doy las gracias. Observo a los espectadores sin que se den cuenta, mientras trato de averiguar sus pensamientos; voltean y ven a los corredores, voltean y ven a la columna de corredores que se pierde con la distancia, sin embargo, no puedo descifrar la expresión en sus rostros: "vi y sentí una enorme nostalgia, ver, observar y admirar a cada persona, a cada ser humano; su delicadeza, su fragilidad, sin maldad, sin aprovecharse de la ocasión, el respeto de los unos con los otro, nadie se mira mal, todos iguales, quise abrazarles; cuán importante es el contacto humano; cuán necesarios somos los unos de los otros". Pienso en Dios y me conforta.

El cañonazo de salida me devuelve en espacio y tiempo. Hasta adelante los corredores Élite han salido, por el micrófono el animador pide una camilla y paramédicos, al parecer un corredor Élite del extranjero ha tropezado —Dios, que no sea un infarto —me digo. El animador da las instrucciones necesarias para que no se produzca un evento mayor, para lo cual, los corredores responden de manera excelente.

Mientras mi mente está en todo me digo, éste es mi medio matón y como fiel guerrero a su profesión pienso terminarlo y vencer. Rápidamente repaso la ruta, puntos de abastecimiento y el ritmo promedio a correr, mientras el sonido de los cientos de chips nos dan la bienvenida a una nueva batalla, de una misma distancia, pero de vida nueva, de una ruta diferente, de disfrutar del movimiento, de sentirnos y estar vivos, de querer y poder, de terminar con el sedentarismo, de rectificar nuestra postura, de la convivencia y de la paz interior. Voy con todo y no guardaré nada para el regreso.

Llegar al kilómetro uno ha sido un poco difícil, hay muchos corredores y no es fácil correr al ritmo planeado, no obstante, el día nos favorece, aún está fresco y no ha salido el sol, muchos espectadores nos regalan frases de apoyo, los metros pasan y los kilómetros también, me siento excelente. Con cada zancada que doy, mi ritmo de carrera se empieza a parecer al planeado, he llegado al kilómetro tres, he rebasado a muchos corredores, aún hay muchos espectadores incansables guerreros, ¿qué haríamos nosotros sin ustedes?, una carrera no sería como tal si no existieran, porque son la fuerza que nos levanta cuando el agotamiento nos vence, son la medicina que nos alivia en los momentos de fragilidad, con cada frase de aliciente nos llenan de energía suficiente.

He llegado al kilómetro cuatro, y aunque no he querido pensar que es una ruta con cuesta arriba difícil, a mis piernas no las he podido engañar, porque ellas perciben cada subida, cada bajada y cada columpio. Hasta este punto la hidratación ha sido excelente. Empiezo a notar el cansancio de algunos corredores, disminuyen su ritmo, pero no desisten; sus caras reflejan el valor, el coraje, la profunda determinación de concluir éste su reto, el más importante, quizá su primer objetivo del día, su lucha personal. "En la cercanía se puede escuchar, nos envuelve con su cantar ese escándalo que rompe con la armonía de respiraciones entrecortadas y el constante golpetear de las pisadas incesantes de cada corredor; sonidos cortos, sonidos largos, abruptos, abrumadores, si pones atención lo encontrarás y una señal te dará, como clave Morse se escuchará, entonces entenderás que una bienvenida te dará, un adiós te dejará y un canto nuevo lo llamará y el kilómetro cinco se anunciará. Cuando me doy cuenta estoy a unos metros de llegar al kilómetro seis, "qué largo parece el camino, cuando caminar no se quiere, cuán largo se hace el camino cuando terminar es lo que se desea, cuán corta es la vida cuando se está disfrutando de ella, cuán corto es nuestro camino cuando se recorre lo vivido; esto es lo que me hiere en este instante fecundo".

He llegado a la cima, descendiendo estoy del kilómetro seis, ahora sí, la cuesta abajo me obliga a llevar al máximo mi zancada, el aire golpea mi cara y refresca todo mi cuerpo, subidas y bajadas, curvas, rectas y más curvas, metros y kilómetros, corredores y muchos más, todos como fieles painanis guerreros incansables".

Estoy cansado, pero no es motivo suficiente para detener mi correr, mi destino. A muchos los rebaso y los otros pocos me rebasan. Este constante rebasar se vuelve un juego, te das cuenta y se dan cuenta, pero al final cada uno a su ritmo, cada uno compite consigo mismo. Como siempre cuento de manera regresiva para engañar a mi mente, así que sólo faltan 13 kilómetros.

Qué falta nos hacen los espectadores, ese aplauso, ese grito, esa mano amiga, ese apapacho que llena todo de energía; ¡ah…! cuánta falta hacen los espectadores. Han pasado más metros y con ello se han formado los kilómetros, el espacio que estaba vacío se ha llenado, los espectadores han vuelto a dar señal de vida y de energía; el silencio ya no lo es más; el clima fresco ahora nos recibe con calidez. Faltan doce, faltan once, faltan nueve, restan siete, qué importa cuántos falten cuando se disfruta del momento y del constante cambiar de la vida. Una voz interrumpe mis pensamientos —¡bravo, bravo, bravo Albert, sí puedes! Al sentir estas palabras y más, que emanan de la boca del corazón de mi hermana Mili, recibo inmediatamente una cantidad fascinante de energía vital que me recorre desde los pies hasta la cabeza, activando todo mi cuerpo, no hay neurona que se resista, hasta la célula más pequeña recibe este impactante pero dócil quantum de energía.

Estoy por concluir los dos últimos kilómetros; los espectadores no dejan de sorprenderme, me pregunto —¿me conocen? ¡No!, no me conocen, ni conocen a la mayoría de los corredores. ¿Porqué se mantienen firmes a sus convicciones cada fin de semana? A ellos les ha sido encomendada esta tarea, se han armado de frases energéticas, de lanzas de vitalidad. Ellos, sólo ellos, nuestros amigos espectadores, ¿quién más lo hace posible? "Que todos nuestros pasos nos lleven siempre a nuestro destino", sólo ellos, nuestros amigos espectadores.

"Si haces algo con muy buena actitud,
la vida te sabe mejor"

IV Medio Maratón Internacional
Ciudad de México
(01:53:15)

(12 de septiembre de 2010)

A tres semanas del Vigésimo Octavo Maratón y Cuarto Medio Maratón Internacional de la Ciudad de México. Fueron tres semanas cortas de mucho ajetreo, esta vez no me preparé ni un solo fin de semana. Pensar que estoy a unas cuantas horas del inicio de la tan esperada batalla.

Y aquí estoy, observando desde éste mi espacio, desde mi muy particular punto de vista, se ve fácil, muchos maratonistas atraviesan la Avenida Paseo de la Reforma, pareciera que apenas inician su maratón, qué fortaleza, qué espíritu de lucha de hombres y mujeres, son los corredores que protagonizan el Vigésimo Octavo Maratón Internacional Ciudad de México, mi respeto para todos ellos, tan frescos y tan veloces ¿Quién lo diría? Pensar que hasta aquí sólo han recorrido 21 kilómetros y todos van firmes a sus convicciones, qué bueno es estar aquí y llenarse de esta energía, de aire fresco, de la amabilidad de los espectadores, de esa plática espontánea con el corredor desconocido, con gente que comparte los mismos ideales, donde todas las energías se juntan con un solo objetivo: correr.

Llegó el viernes y como todo fin de semana viajé de Cuernavaca, Morelos a la Ciudad de México, para dar inicio a la más grande aventura que hubiese corrido. Dos días de verdadera fiesta: el sábado 11 de septiembre el cumpleaños de mi hermana y el domingo 12 el IV Medio Maratón Internacional Ciudad de México, de los cuales ninguno me perdería.

Aquí y ahora, perdido en lo más profundo de mis pensamientos, en pocos segundos dará inicio el Cuarto Medio Maratón Internacional Ciudad de México. Las piernas me tiemblan, estoy completamente nervioso, las endorfinas ya circulan por todo mi cuerpo, puedo sentir las pulsaciones de mi corazón saliendo desde lo más profundo de mi ser, soy toda euforia, qué complacido me siento al estar aquí, de correr junto a los mejores maratonistas codo con codo y éste, el kilómetro veintiuno, donde los guerreros se juntan fondistas y medio fondistas, los primeros serán nuestros maestros y nosotros sus alumnos, los mejores alumnos, nos enseñarán lo que se vive en el camino, a levantarnos cuando nuestro desfallecido cuerpo ya no quiera más, a dosificar nuestras reservas energéticas, a planear el ritmo del maratón, nos enseñarán "a sobrevivir el maratón".

Inició la fiesta y con ello un gran reto, después de recoger el paquete del corredor, continúo la fiesta en casa de mi hermana, sabía que no podía desvelarme porque podría pagarlo caro, por lo que nos retiramos de ahí y nos dirigimos a casa. Al llegar inicié con los preparativos previos a la carrera, coloqué el número del competidor de forma perfecta, bien centrado para que luciera excelente, preparé calcetas, pants, tenis y gorra, todo lo necesario, mientras mi hermana Mili llenaba los envases con agua y hacía los preparativos necesarios para que todo saliera de la mejor manera.

Y tomé de las manos de los espectadores la fuerza, de sus frases de aliciente su energía, de sus corazones la fortaleza, y sus convicciones se hicieron mías. Hice mías sus experiencias, escondí sus flaquezas y respeté sus decisiones. Pedí por los caídos, animé a los desfallecidos, di las gracias al amigo. Aprendí de los corredores y los espectadores, qué gran experiencia compartirla contigo.

Llegamos al Auditorio Nacional; el vehículo se quedaría estacionado en alguna parte de los alrededores, mientras nosotros daríamos inicio al Medio Maratón Internacional Ciudad de México, y al finalizar la carrera regresaríamos por él para volver a casa. Conforme nos acercábamos a la zona, los corredores se hacían los más, se escuchaba al animador por el micrófono dando la bienvenida a todos los mediofondistas que nos encontrábamos calentando en esos instantes.

Kilómetro 21, kilómetro 22, kilómetro 23, abastecimiento en abundancia, agua y bebida isotónica, es difícil correr al ritmo planeado, ya que los corredores vamos casi hombro con hombro, entonces me di cuenta que competía junto a un corredor categoría veterano —sí, es maratonista —me dije, su camiseta mostraba el número en color negro, inmediatamente volteé a ver mi número, ¡sorpresa!, era de color rojo, —¡sí, es maratonista!, ¡qué sorpresa!, se veía fresco, como si apenas hubiera empezado a correr, qué fortaleza, un escalofrío corría por todo mi cuerpo y las endorfinas hacían su función, volteé a ver un cartel con la leyenda "kilómetro 24", entonces, me di cuenta que la numeración se iba incrementando, por lo que pensé —estoy corriendo un maratón, y "me cayó el veinte": estoy participando en la mitad de un maratón, en donde la meta será el Vigésimo Octavo Maratón Internacional Ciudad de México.

Se entonó el Himno Nacional Mexicano, todos, espectadores y corredores entonándolo al unísono, volteé y miré para todos lados, estimé más de seis mil corredores y muchos más espectadores, se les notaba felices, todos en la misma fiesta nacional, festejando el "Bicentenario de la Independencia de México". A continuación el cañonazo de salida, por los aires volaron papelitos de mil colores, entonces inició la música, los chips se activaban entonando el himno del corredor, las endorfinas circulaban, la euforia comenzó, entre gritos, aplausos y matracas, los corredores salían, los primeros a su ritmo planeado y los otros, al ritmo de la situación.

Kilómetro 24, kilómetro 25, una voz me volvió en espacio y tiempo, los espectadores ayudaban, ellos, quién más, quienes llenos de vitalidad nos brindaban agua y bebida isotónica, qué puedo decir, una pintura que se quedará grabada por siempre, más de ocho espectadores formados en fila repartiendo agua a todos los corredores que pasaban por allí, mientras otros muchos nos lanzaban frases de apoyo: —¡vamos corredores, tomen agua para que no desfallezcan en el camino! —decían. Adultos, jóvenes y niños queriendo compartir el momento y el movimiento.

La emoción hizo que los metros pasaran, los kilómetros también. Era fácil correr, tenía aguante, las endorfinas eran mis aliadas, los corredores también. Me dejé llevar a mi ritmo planeado y lo conseguí. A la orilla del camino un corredor tumbado, el cual era asistido por algunas espectadoras; más adelante, más corredores estirando, aún más adelante espectadoras dando masaje en las piernas a un corredor; sobre el camino corredores desfallecientes y sedientos. En diferentes puntos del recorrido, sirenas de ambulancias que se perdían con la lejanía, entonces me di cuenta que todos ellos eran maratonistas, estaba viviendo la realidad de un maratón, la verdadera historia: una historia de vida. No todo era corredores desfallecientes, los de más experiencia seguían frescos. Sobre ellos no se les notaba la distancia recorrida y entendí que "el correr fortalece el espíritu, te enseña a tomar decisiones y cumplirlas, a respetar las decisiones de los demás, pero también te enseña a pensar con sabiduría, a decir sí cuando es sí y no cuándo es no, a respetar la forma de pensar de los demás, sabiendo que cada cabeza es un mundo y tú estás incluido en él y eres motivación para otros. Me di cuenta del grado de bondad que toda persona esconde, pero que es capaz de sacar cuando alguien se ve desfalleciente; comprendí que no somos muchos, sino uno solo, que todos somos buenos pero mal encaminados, que la competencia es conmigo mismo, entre mi estado anímico y mi estado físico, entre mi sentir y el sentir de los demás, entre el estar vivo o muerto en un lapso corto de vida.

He llegado al kilómetro 35, he rebasado a muchos corredores y pocos me han rebasado, aún hay muchos espectadores incansables que nos ofrecen dulces, cacahuates, plátanos, naranjas, refresco, palabras de aliento —¡ah! que haríamos nosotros sin ustedes, una carrera no sería como tal si no existieras tú, porque son la fuerza que nos levanta cuando el agotamiento nos vence, son la medicina que nos alivia en los momentos de fragilidad, con cada frase de aliciente nos llenan de energía suficiente, durante todo el recorrido no ha existido espacio vacío, en las calles, en los negocios, fuera de las casas, en los balcones y en las ventanas, por todos lados están, como adivinanza, tú, usted, amigo espectador, amigo lector.

Por fin mis piernas me dicen que se han cansado, estoy en el kilómetro 38, mi ritmo de carrera ha disminuido, intento apretar el paso pero no lo consigo, creo que es tiempo de aceptar el cambio de ritmo y lo acepto, de pronto un corredor interrumpe éste mi pensamiento —vamos amigo, sólo faltan cuatro, no desfallezcas; esto me ha llenado de energía y le doy las gracias por ello, creo que es un fondista, mi amigo el corredor desconocido. Más delante, de entre los espectadores: —¡vamos corredor, ya llegaste, dale con todo!, levanto la vista y a lo lejos puedo ver el arco de llegada, sin embargo, todos los espectadores se notan igual, no sé quién dijo esa frase, pero estoy agradecido por ello. Conforme voy acercándome al arco observo y sale a mi encuentro un cartel con la leyenda "kilómetro 42". Muchos metros adelante levanto mis brazos en señal de independencia y cruzo el arco de llegada que da fin al Vigésimo Octavo Maratón y Cuarto Medio Maratón Internacional Ciudad de México, conmemorando el Bicentenario de la Independencia de México.

"La vida está hecha de pequeños instantes,
por eso, todos son muy valiosos"

VIII Medio Maratón Internacional y 5 K Puerto Vallarta (01:43:53)

(7 de noviembre de 2010)

Después de habernos inscrito a este Octavo Medio Maratón con más de un mes de anticipación, aún lo recuerdo y estoy convencido de que valió la pena soportar las dieciséis horas de viaje. Llegó el jueves y todos con mochila, dispuestos a pasarla muy bien. Partimos al punto de reunión donde abordaríamos junto con más de 70 corredores, los autobuses que nos llevarían a Puerto Vallarta. Sería otro encuentro más en espacio y tiempo, otro lugar por conocer, caras nuevas y objetivos diferentes.

Llegamos el viernes a medio día, nos asignaron habitaciones y en la recepción nos entregaron el paquete del corredor. Todo era excelente: las habitaciones, la comida tipo bufet y para rematar el sábado un viaje que nos llevaría a conocer la bahía de Puerto Vallarta. Comimos, nos duchamos y posteriormente fuimos a conocer las playas y el mar de Puerto Vallarta. Después de retozar un poco en la playa y nadar un poco más en la alberca del hotel, decidimos bañarnos e ir a cenar, para posteriormente tomar un descanso muy merecido. A la mañana siguiente, tras una buena ducha para despertar y un excelente desayuno para continuar, quedamos listos para conocer la bahía de Puerto Vallarta en el barco "Viva México".

En la terminal marítima, antes de abordar el barco, conocimos a un gran chico llamado Roberto, quien es muy obediente y muy educado, regalaba besos a todos los turistas, bueno, Roberto es una foca. Durante el recorrido algunos decidimos nadar, lo cual hizo que recordara mis días de buceo, qué bien me sentía; aunque el agua estaba muy fría, eso no impidió ver los peces, por lo que hice el paso del gigante y a nadar peces. Ya de regreso en el hotel hicimos los preparativos necesarios, pues el cañonazo de salida del Medio Maratón sería a las seis cincuenta y cinco de la mañana y la salida para los corredores de los cinco kilómetros sería a las siete, así que colocamos el número del corredor, preparamos calcetas, shorts, tenis, gorras, ungüento, curitas, cámara fotográfica, repasamos ruta, puntos de abastecimiento y otros detalles menores, y luego a dormir.

La noche fue corta o al menos esa fue mi percepción; el despertador sonó a las cuatro de la mañana como un aliado fiel, me desperté y lo apagué para dormir una hora más. A las cinco de la mañana empezó el movimiento: bañarnos y vestirnos con el equipo de corredor, aplicar protector solar en cuello y brazos, como siempre al último el chip, bien amarrado para evitar sorpresas.

Salimos del hotel y el clima es fresco, aún no amanece, el aire frío roza nuestras mejillas. Han cerrado la circulación en los carriles centrales. Caminamos en dirección a donde se dará el disparo de salida, muchos corredores ya terminan de calentar, se percibe la adrenalina pura, esto acelera los procesos químicos de cada uno de nuestros órganos, el dolor desaparece, el ambiente está al máximo, sólo faltan cinco minutos para dar inicio al Octavo Medio Maratón y 5 K de Puerto Vallarta. Les doy un beso y un abrazo a mis dos hermanas y a mi sobrina que correrán los 5 K, y me apresuro para incorporarme a la larga fila de corredores que protagonizan el medio maratón. Estoy al final de la fila, una corredora distraída me pregunta: —¿son los corredores de los cinco kilómetros?, esta dulce e inocente voz me saca de mis pensamientos, —no, son los que van al medio maratón y a las siete de la mañana saldrán los que van a correr los cinco kilómetros —contesto apresurado, mientras trato de hacer un poco de calentamiento, la joven sonríe y se sale de la fila.

De repente escucho la cuenta regresiva y al final el disparo de salida. Volteo para el frente y veo el grueso de la fila, volteo hacia atrás y veo que no soy el último de la fila, se han incorporado doce corredores más, por lo que me tranquilizo y pienso: —no importa dónde me ubique correré a mi ritmo, y voy a disfrutar al máximo este medio.

Me siento excelente, la mañana sigue fresca, el sol no ha salido, los carriles centrales son nuestros, hay suficiente vigilancia, las calles son seguras, estimo que voy en el kilómetro uno y seguramente en este momento están dando el disparo de salida para los corredores de los 5 K, qué sensación y qué alegría inmensa invade mi corazón, están corriendo mis hermanas, todas haciendo la unidad, sé que cuando llegue de mi correr, cansado y desfallecido, allí estarán para darme ánimo, para aumentar mis fuerzas con sus frases y su apapacho caluroso. De repente una frase de apoyo que emana de la boca de un policía me devuelve al aquí y al ahora, —¡vamos amigos corredores, sí pueden, si nada más es cosa de que se decidan! —le doy las gracias y me alejo pensando lo difícil que ha de ser para ellos su trabajo, sin embargo, creo que en los más de 300 kilómetros que he corrido en este año, es la primera vez que un policía está en sintonía con los corredores y mientras me alejo, escucho sus frases de aliciente bien encausadas a los demás amigos corredores, te agradezco amigo vigilante y que Dios te cuide y te acompañe siempre.

Rebaso a muchos y pocos son los que me rebasan, cada uno a su ritmo, cada uno en sus pensamientos, con objetivos diferentes, pero todos en el mismo medio, el movimiento, la elección de estar y sentirse bien, de la convivencia con familiares y amigos, de disfrutar de las maravillas de la naturaleza, de dar las gracias por lo que tenemos y lo que nos ha sido dado. Agua, bebida isotónica, un puesto de abastecimiento nos rebasa, —demasiado rápido para tomar agua —me digo, y me alejo del puesto de abastecimiento.

La vigilancia continúa en cada cruce de avenidas y calles, hay policías haciendo su mejor esfuerzo para que esta carrera valga. No hay espectadores, ¿qué pasa?, ni un solo espectador; pasan los metros y se forman los kilómetros y en algunos sólo se escucha el constante y rítmico golpeteo de los cientos de tenis que se mezclan entre respiraciones entrecortadas, produciendo el más hermoso canto, "el canto del movimiento, de estar y sentirse vivos".

No sé en qué kilómetro voy, sólo sé que corro a mi ritmo, con postura erguida y mirada al frente para permitir la libre expansión de mi caja torácica impulsada por todo un sistema complejo y único. En mis pensamientos y con respiración acompasada, me digo: —hace falta el barullo de los espectadores, su apoyo, los aplausos, ¡sí que hacen falta!. De repente, otro puesto de abastecimiento, el aeropuerto y por el otro lado del camellón los corredores hacen su regreso: primero uno y muy a lo lejos otro, después otro y tras él otro, y otro más, de uno en uno, uno tras otro, de dos en dos, se empieza a engrosar la fila de valientes e intrépidos corredores. Adelante un regreso, mi regreso y como agua que lleva el viento pregunto a algunos espectadores —¿qué kilómetro es éste? —El kilómetro 10.5 —me responden de inmediato. He llegado hasta aquí sin ningún problema, me siento excelente, he corrido a mi ritmo.

Los valientes policías realizan su trabajo, con voz de mando dirigen el tráfico de vehículos, dan indicaciones y dejan un carril para nosotros los corredores, ¿quién más desquicia las ciudades y pone a sufrir a los conductores?, nosotros, los locos corredores, pero es por una causa con objetivo, no es una marcha más en un mundo cambiante; en nuestro correr va implícita la invitación a los espectadores a que formen parte del movimiento del corredor, un movimiento para estar y sentirse vivos, no un movimiento cualquiera, un movimiento de gracia a los ojos de Dios, hay que estar aquí y en el ahora para entender y darse cuenta".

He llegado a mis reservas energéticas, no sé en qué kilómetro voy, sin embargo, estamos por subir un puente vehicular, por lo que tomo precauciones y me digo —pisada corta, rápida pero rítmica para lograr subir con éxito esta dura prueba, y lo logro; en la bajada, mi zancada se vuelve larga y rápida, por lo que trato de reducir la zancada para no lesionarme y lo consigo. Los metros pasan, se vuelven kilómetros; de repente un cansancio me invade y tras él un mareo, lo que me indica que he llegado al límite de mis reservas, no obstante, comienza la verdadera competencia, no con otro corredor, sino conmigo mismo, un desvanecimiento profundo y abrumador comienza a invadirme, pero dentro de mí sé que no lo debo permitir; mi corazón y mi cerebro son mis aliados y de inmediato mandan la señal como integrantes de un todo para obtener energía y mantenerme en movimiento.

Los espectadores empiezan a hacer su aparición e inmediatamente mis oídos se sensibilizan y captan esa energía que emana de la boca de los espectadores, quizá para otro espectador cargado de energía signifique una frase más, una frase cualquiera sin ningún valor, pero para mí, que en este momento he agotado mis reservas energéticas, lo es todo. Mi cuerpo no puede soportar más mi postura erguida y me noto encorvado con la mirada al piso, recibo más energía de los espectadores, que creo se han dado cuenta de mi desfallecer y me lanzan gritos de apoyo, indicándome que estoy próximo a llegar y pienso —¡tengo que terminar!, no me voy a dar por vencido, no aquí, no ahora; levanto la mirada y retomo mi postura, sin embargo, la falta de energéticos me obliga a retomar la postura encorvada, después de varios intentos me es difícil mantenerme. Creo estar cerca del final, cuando de pronto escucho la voz de mi hermana Aimé, quien rompiendo el silencio y saliendo de la fila de espectadores se incorpora junto a mí para correr los últimos metros, animándome a concluir con este reto. Terminamos, repusimos nuestras energías y le di gracias a Dios. Posteriormente vino un buen desayuno, un leve descanso y el regreso a la Ciudad de México, "mi ciudad" como dice la canción.

"La verdadera amistad es aquélla que es capaz de sobreentender todo lo que nos afecta"

XXVI Maratón Internacional Nocturno de Cancún (05:21:29)

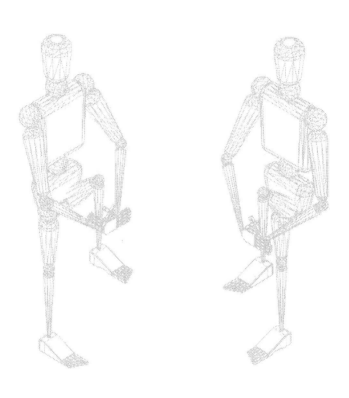

(4 de diciembre de 2010, 18 de diciembre de 2010)

Todo comenzó, el viaje y hospedaje ya estaban listos, sólo era esperar a que la agente de viajes me confirmara la reservación del vuelo para iniciar una nueva aventura. En esta ocasión correría con mi familia, ellas los cinco kilómetros y yo el medio maratón, todo iba de maravilla. Cuatro días y tres noches en el Caribe, en las hermosas playas de Cancún, corriendo y conociendo, todo planeado, nada podía salir mal.

Por fin llegó el jueves por la tarde y una llamada telefónica interrumpió mis actividades —¡Hola!, era mi agente de viajes informándome que la carrera se había pospuesto para el sábado 18 de diciembre, debido al evento: "Reunión Cumbre sobre Cambio Climático COP", que se celebraría el mismo día de la carrera en Cancún. Las opciones propuestas por Irma, mi agente, eran: se van de vacaciones, posponemos la carrera o pedimos el rembolso del viaje del cual no se recuperaría ni el 50%, por lo que decidimos que nos iríamos de vacaciones, total, ya nada podía salir mal.

Al regresar de Cancún, la añoranza de no haber corrido éste, el último medio maratón del año que había planeado de entre dos carreras con un año de anticipación, me hizo sentir malhumorado y muy desanimado. Pensar que no me había inscrito a otra carrera por correr el Medio Maratón de Cancún fue frustrante. Recordé que el siguiente sábado 11 de diciembre era la Quinta Carrera Nocturna de Emoción Deportiva 10 K y me inscribí para correrla y sacar mi frustración. Al otro día ya me sentía reconfortado —al menos todavía voy a poder correr la Carrera de la Navidad y la de San Silvestre —me decía. Cuando me entere que la carrera de la Navidad había sido suspendida y no se había registrado mi tiempo en la Carrera Nocturna de Emoción Deportiva, fue muy desconcertante. Esto sólo me dejaba una carrera, la del fin de año y bueno, al menos una.

A la mañana siguiente y en mi oficina abrí mi correo electrónico y, ¡sorpresa!, mi agente de viajes, que por cierto, la recomiendo ampliamente, pues nunca había visto a una persona que se interesara tanto por sus corredores, brindándonos el mejor servicio, me pedía confirmar si asistiría al Vigésimo Sexto Maratón Internacional Nocturno de Cancún. Por el momento me emocioné, sin embargo, tenía mucho trabajo y ya no tenía días de vacaciones, lo cual dibujaba un panorama bastante difícil, por lo que mis expectativas de participar en la carrera eran casi nulas. Aunque debo decir que hay cosas que el ser humano no puede decidir y las cosas se dieron como Dios dispuso.

Aquí estamos, disfrutando de las hermosas playas del Caribe Mexicano. El agua trasparente y su clima excepcional, me permiten reflexionar sobre lo bueno y lo malo de estos aproximadamente 370 km recorridos en un año y un medio maratón que me esperaba al día siguiente. El pensar en esto me hacía sentir satisfecho, muy bien, mis metas propuestas para este año habían sido rebasadas. Meditaba sobre la vida, lo material, las cosas, la naturaleza y lo espiritual. Recostado sobre el vaivén de las olas, jugando al muertito, haciendo inmersiones, brincando olas, recordando mis días de buzo. —¡Ah!, qué refrescante es el agua, aunque es un mismo planeta, el mar del Caribe sabe diferente al mar del Golfo de México y al mar del Océano Pacífico, lo sé porque una pequeña ola se encargo de que confirmara lo anterior.

—Primero saldrán los que van al Maratón y Medio Maratón y posteriormente los de cinco kilómetros —se escuchaba por el micrófono. Mientras mi hermana Mili y yo calentábamos, los corredores se ubicaban en los mejores lugares dentro del bloque de salida, eché un vistazo para localizar a mis nuevos compañeros de carrera: Lupita, Raúl y Pablo, pero fue imposible, no los veía por ningún lado. Mili me dio un fuerte abrazo y me dijo: nos vemos en la meta, le correspondí y le dije bromeando —si en un máximo de una hora y cincuenta minutos no regreso, vete a disfrutar del mar, porque decidí correr el maratón...

Me he incorporado al bloque de salida, como siempre, la adrenalina comienza a circular por todo mi cuerpo y mente, empiezo a sentir la euforia, sin embargo, mi mente está en todos lados, volteo y miro hacia adelante y observo el grueso de corredores que componen la fila, veo para atrás y viene a mi mente el Octavo Medio Maratón y 5 K de Puerto Vallarta, en el que también me tocó estar hasta atrás. Estoy a escasos 15 corredores de ser el último, pero esto no me preocupa, voy a correr al ritmo planeado y voy a disfrutar al máximo este medio maratón. Esos son mis pensamientos, cuando de pronto escucho la cuenta regresiva, mientras observo cuidadosamente a los espectadores que llenos de euforia también gritan y se involucran en la carrera —ojalá haya muchos espectadores en el recorrido, estoy convencido que sus frases de apoyo nos fortalecen y ayudan en el camino, ya lo he sentido en otras ocasiones. Estos son mis pensamientos cuando escucho el trompetazo de salida y comienza el himno del corredor: un chip se activa, uno más, otro, otro más, muchos, muchos más, mientras doy un paso y la distancia empieza a hacerse mayor, doy otro paso, más distancia, otro paso, mucha más distancia, comienzo a trotar, volteo a los lados para ubicar a mi hermana

Mili y escucho su voz gritar —Albert, mientras me alejo sigo escuchando el eco de su voz.

Me siento excelente, el sol de Cancún nos ilumina, un carril de la avenida principal es nuestro y la historia se vuelve a repetir. Nuevamente volcaremos a la ciudad en un caos, seremos los dueños de la avenida principal por seis horas, hay suficiente vigilancia, las calles son seguras y pienso, estimo, seguramente en este momento están dando el disparo de salida para los corredores que decidieron correr los cinco kilómetros; qué sensación y qué alegría inmensa invade mi corazón, por enésima vez está corriendo mi hermana Mili, sé que cuando finalice mi carrera, cansado y desfalleciente, allí estará para darme ánimo, para aumentar mis fuerzas con sus palabras de apoyo y su apapacho caluroso. Un puesto de abastecimiento de agua y bebida isotónica me alcanza, —demasiado rápido para tomar —me digo, y me alejo.

Sigo corriendo a mi ritmo, de pronto, vienen a mi mente mis amigos del correr: Lupita, Raúl y Pablo, y volteo para adelante y luego para atrás, pero es inútil, no los puedo localizar. Mientras tanto veo un par de organizadores que indican el retorno de los corredores que decidieron participar en los cinco kilómetros. Los metros pasan y se van haciendo kilómetros, busco un cartel que me pueda indicar el kilómetro en el que me encuentro, pero es inútil, no hay; agua, otro puesto de abastecimiento, para lo cual tomo de las manos de un organizador el vital líquido y, mientras corro, me lo voy tomando sin perder el ritmo de carrera, sin embargo, los metros siguen pasando.

Mientras corro a mi ritmo, observo la multitud de corredores y a los espectadores, un panorama verdaderamente diferente, donde se conjuga playa, sol, arena, ejercicio y chicas guapas. A lo lejos veo a dos chicas eufóricas que gritan algo en idioma inglés, aunque no alcanzo a escuchar con claridad qué es lo que dicen; me cambio de carril y mientras me acerco a ellas a un ritmo de carrera armónico, les digo con voz suave para no alterar su estado de ánimo. Inesperadamente ellas se salen de la fila de espectadores y corren para darme alcance (claro que no visten la ropa adecuada para la ocasión) iniciándose la conversación:

AHV.— Go, go, go, just do it! (—no pensé que esto tuviera un gran impacto. Aclaro que no es la traducción si no un comentario).

NZ1.— Hi! What are you doing?

AHV.— We are going to participate in a marathon.

NZ1.— Is good, and how long is the race?

AHV.— Marathon, half marathon and five kilometers.

NZ2.— Oh…, it is so much for me! (She stopped and she started to walk).

NZ1.— Where are you from?

AHV.— I´m from México City, and you?

NZ1.— I´m from New Zealand.

AHV.— Hi, nice to meet you. My name is Alberto.

NZ1.— Nice to meet you too. I´m Sarah. Up…, well, see you later my friend, good luck!

AHV.— Yeah, see you later (she was gone with her friend) and I´m running.

Dando por terminada la conversación, sin embargo, el entusiasmo de las dos amigas de Nueva Zelanda seguía viento en popa.

Sigo corriendo mientras observo: algunos meseros y trabajadores de los hoteles y negocios salen para mirar a la gran cantidad de corredores que desfilamos frente a ellos, algunos nos lanzan frases de apoyo, otros reconocen al amigo o al compadre, y como buenos camaradas se saludan con mentadas de madre, sin embargo, yo sigo en lo mío, llego hasta otro abastecimiento y pido un poco de agua, a lo que los organizadores responden con prontitud, bebo el vital líquido y me enjuago la boca para después beber un poco mientras sigo corriendo. Al otro lado del camellón la pelotera de autos: pitan, dan arrancones, y creo que se empiezan a desesperar un poco, sin embargo, aquí seguimos, "fieles guerreros armados de valor, coraje y corazón como nuestros ancestros; no somos miles, ni mucho menos millones, pero todos con objetivos diferentes, en una misma batalla sin distinción de raza, sexo, color, religión, partido político, somos eso, guerreros que corren para alcanzar una meta, un sueño". Estos son mis pensamientos mientras llevo a mi boca el vital líquido, dándome cuenta que voy al lado de un grupo de corredores encabezados por dos chicas guapas que mantienen un ritmo casi igual al mío y pienso: —me voy a unir al grupo, y lo hago, kilómetros después las dejo, mientras observo que somos definitivamente muy pocos, y de pronto ¡sorpresa!, me he quedado solo, otro corredor me lleva una ventaja de aproximadamente 40 metros —¡esto no es normal!, ¿qué está pasando?, volteo para atrás y veo que vengo solo, y eso me asusta. En todas las carreras que he corrido no he corrido solo, siempre voy acompañado por el constante rebasar de corredores, pero esto realmente mueve mis pensamientos. Al otro lado del camellón sólo circulan coches y autobuses, detengo mis pensamientos y trato de pensar con claridad. ¿Cuándo pasamos el retorno de los que decidimos correr el medio maratón? ¿Qué hago? ¿Me regreso? ¿Continúo? Desgraciadamente no hay nadie que me pueda ayudar a tomar una decisión, entonces, recordé la plática que tuvimos en el aeropuerto un día antes al maratón y alguien dijo: —¡Por la mala organización del evento, muchos corredores ya no participarán en el maratón y vamos a ser muy pocos los que lo corramos...! Recuerdo haber dicho: —no se preocupen, yo los apoyo. Ahora, en esta soledad, he decidido cumplir mi promesa y mi consuelo será llegar al tapete del medio maratón para registrar mi tiempo y seguir, pero si no puedo hacerlo tomaré un taxi de regreso, sin embargo, muy en el fondo sé que cuando corro, voy con todo, siempre he pensado que correr debe ser una diversión, una fiesta, no un suplicio, ni mucho menos un sufrimiento. No sé cuántos abastecimientos he pasado sin hidratarme. Un corredor me rebasa y me pregunta —¿cómo vas?, —estoy bien, gracias —respondo, mientras se aleja de mi camino.

He pasado hoteles, centros comerciales, restaurantes, embarcaderos y otros puntos de sano esparcimiento que ahora no recuerdo con claridad; kilómetros después me doy cuenta que conforme voy avanzando, el flujo vehicular se va haciendo menor y la vegetación se va haciendo abundante, lo que me hace pensar que ya estoy cerca del aeropuerto y eso me anima un poco, "sé que pronto veré un arco de bienvenida con un tapete que me indique: —estás a punto de llegar al medio maratón, mi chip despertará y con armonioso sonido me indicará que el kilómetro 21 debo cruzar". No he visto espectadores desde hace rato, creo que extraño sus frases de aliciente, sus aplausos y su algarabía. Repentinamente veo regresar a algunos de ellos y me digo: —debo estar cerca de cumplir mi objetivo; mientras observo que la tarde se ha vestido de negro y las estrellas hacen su aparición triunfal, en eso estoy, cuando escucho a una joven que grita —306, y otro presuroso anota rápidamente algo en una libreta y le pregunto —¿qué kilómetro es éste?, —el 42 K, señor —me responde, —bueno, gracias, —replico. Después de todo, creo que no tendré marcador oficial, pero qué importa, ya cumplí mi objetivo, por lo que corro un poco más y detengo mi carrera para caminar a paso veloz. Más adelante me alcanza una bella joven y se detiene. —¿Cómo vas? —le pregunto, —no te detengas, sigue caminando —le digo, mientras ella acomoda sus audífonos; —ya descanse tantito, voy a seguir —me dice, mientras retoma su carrera y se aleja de mí.

El aire fresco empieza a soplar y su frescura envuelve mi cálido cuerpo; tras mi zancada toda mi fuerza, no he decidido rendirme, no aquí, ni ahora. De repente, un corredor me alcanza, me saluda y me pregunta: —¿Cómo vas? —bien, muchas gracias, —respondo y al voltear lo reconozco, es mi viejo amigo Raúl, quien corre su primer maratón. Compañeros de vuelo junto a su esposa Lupita y su cuñado Pablo, quienes seguramente ya están festejando sus triunfos. Estos son mis pensamientos cuando veo a mi amigo alejarse, perdiéndose a la distancia, mientras veo el reflejo de su playera con un par de pisadas y una leyenda que no logro leer con claridad.

Han pasado un par de kilómetros y cuando pensaba que yo era el último corredor, uno de ellos me alcanza, detiene su trote y me dice —voy a caminar un rato, —está bien, pero no te detengas, porque los calambres van a estar de lujo —le digo. Mientras caminamos a toda marcha platicamos un poco, coincidiendo que después de haber estado un buen rato y conocido Ciudad del Carmen, Campeche, nos venimos a conocer aquí, en el Caribe, en esta carrera. Me comenta Javier que ya había participado en otros maratones, pero para éste en particular no se había preparado y pensé —ya somos dos, con la diferencia que yo no he participado en ninguno, y así se pasaron un par de kilómetros más, y al poco rato —bueno, voy a continuar con mi trote —me dice, y se aleja dejándome como el último corredor de este Vigésimo Sexto Maratón Internacional Nocturno de Cancún.

No sé cuánto tiempo llevo trotando y cuánto tiempo caminando a paso veloz, pero mis piernas comienzan a sentir cansancio, creo que una comienza a jalar por su lado y la otra, por el suyo, y de repente, un calambre invade mi pierna derecha y poco tiempo después, otro calambre en la pierna izquierda, y pienso —no me voy a detener, porque sé qué sigue después de estos dos calambres, sin embargo, me veo en la penosa necesidad de disminuir mi ritmo de caminata. Miro al cielo para distraer mi mente y pienso —qué bueno es estar aquí, estoy en una etapa de aprendizaje que no tenía planeada, tengo sentimientos encontrados, —quiero desistir de la carrera, quisiera tomar un taxi y olvidarme de todo esto, pero no es así, el aire se encarga de ordenar mis sentimientos y devolverme al aquí y el ahora. Gritos desesperados que hace unas pocas horas fueran frases de aliento, ahora rompen el silencio para insistir en que vaya a "saludar a mi madre" (que en paz descanse) y otras cosas —gracias por recordarme que tuve una madre —me digo. Más adelante, un puesto de abastecimiento —¿tienes bebida isotónica? —le digo, —no señor, sólo agua —me responde, —bueno, te cambio ésta por una fría —le digo, mientras le muestro una bolsa con agua, —gracias, le digo y me alejo por la oscura noche.

Los calambres siguen al pie del cañón y vuelve nuevamente este pensamiento de abandonar la carrera y abordar un autobús. En eso estoy, cuando de repente un corredor sale presuroso de una tienda y se incorpora sobre la pista, tomando inmediatamente su ritmo de carrera, reconozco su playera y me digo —qué bueno que sigue en el camino, eso me reconforta. Un organizador que pasa montado en su motocicleta me pregunta —¿cómo vas?, —cansado, pero no vencido, —le respondo, mientras suelto una carcajada —bien, me dice mientras se arranca a toda marcha, —así que chiste, ja, ja, ja...

—Ya para qué corres cabrón —se escucha. Nuevamente le agradezco por recordarme que estoy cumpliendo una promesa de apoyo. Sin saber cómo ni cuándo, unas ganas enormes de vomitar me sacuden y tras éstas, otras y luego otra más cada vez más intensas, de pronto comienzo a perder el equilibrio y un intenso escalofrió recorre todo mi cuerpo, todo, absolutamente todo se empieza a oscurecer, para lo cual mi mente y cuerpo responden a tal evento como un escáner: mi mente repasa las funciones vitales de cada órgano para revisar que cumplan con su función al pie de la letra, en tiempo y forma, como se establece en el manual biológico que Dios nos otorgó a cada individuo y pienso: —ahora más que nunca voy a terminar, y éste que será mi mejor esfuerzo, bajo estas condiciones, se lo quiero dedicar a Dios.

"Los metros siguen pasando y aquí sigo, los calambres casi han desaparecido y los espectadores también, el viento sigue soplando y mientras sople seguiré andando". Sigo sin saber en qué kilómetro voy, y realmente no me interesa, estoy disfrutando de la noche, del cielo, de las estrellas, del viento que a manera de brisa me refresca, del sonido de la vegetación y porqué no, ¡de la soledad!, ¡sí!, de la soledad del corredor, ya que aquí donde me encuentro, voy sólo y el silencio de la noche es mi único aliado, sólo se escucha mi respiración entrecortada y el constante golpetear de mis tenis con el asfalto, rompiendo con la quietud de la noche.

Inesperadamente, el sonido de un motor y la voz de un organizador me devuelve al escenario real, —¿cómo vas?, —me pregunta, —aún bien, muchas gracias —respondo. Mi amigo misterioso se acelera y desaparece en la oscura noche, volviendo a quedarme sólo. A lo lejos, el viento me trae algunas voces, al salir de la curva en la que me encuentro, observo a dos corredores que hombro con hombro se ayudan mutuamente para intentar retomar su postura de corredor, sin embargo, el dolor no se los permite, —qué difícil prueba —pienso. —¿Se sienten bien? —les pregunto, sin recibir ninguna señal, los observo en muy malas condiciones y sin perder mi ritmo de carrera les vuelvo a preguntar; uno de ellos se vuelve y con voz agresiva —vete, sigue corriendo, —me dice, mientras su cara hace un gesto de dolor profundo. Como paramédico, recuerdo que alguna vez me dijeron: —si una persona no es capaz de formular una respuesta coherente y acorde con la circunstancia, es señal que su estado de conciencia está en deterioro y necesitará ayuda rápidamente, por lo que deduje que estaban bien, quizá no podrán continuar con su carrera, pero saldrán vivos de ésta, para volverlo a intentar.

Sin detenerme continúo mi cansado camino. Nuevamente un organizador montado en su motocicleta me pregunta —¿cómo vas?, —excelente jefe —respondí, aunque fue un decir, porque mis piernas indicaban lo contrario. —Por cierto, atrás vienen dos corredores, pero vienen mal, creo que ya no pueden caminar, porqué no les da un vistazo —sugerí, mientras el organizador presuroso acelera y desaparece de mi vista. Creo que aún sigo siendo el último, je, je, je, je...

Estoy exhausto, ya no tengo ninguna intensión de abandonar la competencia, sería injusto hacerlo cuando sé que falta muy poco, a lo lejos vuelvo a ver a mis viejos amigos del correr Raúl y Javier, en un trote rápido y esto me conforta. Nuevamente, un guardia me informa que la avenida principal será abierta y pide que me suba a la banqueta, pero, ¿no se dará cuenta de mis necesidades? En las circunstancias en las que me encuentro será imposible soportar el constante subir y bajar de las banquetas. No obstante obedezco y comienza el suplicio: después de una docena de constante subir y bajar, tomo la decisión de permanecer justo por debajo de la banqueta.

Tres vehículos han pasado en dirección opuesta y a diferentes tiempos, uno de ellos ha mencionado una frase muy célebre alusiva a los festejos del diez de mayo, que no pienso repetir por razones obvias. El segundo me dijo —ya para qué corres cabrón, que me hace pensar que es el mismo vehículo que me saludó hace algunos kilómetros atrás o definitivamente es la frase típica de Cancún. Pero al tercero lo escuché decir —ya casi llegas, mi organismo reaccionó de tal manera, que ocasionó una fuerte inspiración, que por poco revienta mis pulmones, ¡ah, qué bien me siento! Estaba definido con una lista de dos carreras de 5 K, una de 6 K, 16 de 10 K, una de 13 K, seis medios maratones y un 26.2 K, deberían servirme para terminar el maratón, bueno, eso digo yo (sé que esto no es cierto, ya que se requiere de esfuerzos completamente diferentes y entrenamientos aún más diferentes).

El tiempo pasó, los kilómetros también, la noche seguía oscura y fresca, reconocí el lugar, era el mismo que hacía un par de horas atrás corriera con las dos chicas de Nueva Zelanda. De repente —¿cómo vas?, y al volver la cabeza, veo que un paramédico que conduce una ambulancia viene pegado a mí, —bien jefe, —repliqué. —por cierto, ¿cómo están los dos corredores que se quedaron atrás? —pregunté, —bien, ya iban muy lastimados y no pudieron seguir —respondieron. —¿Quieres agua? —preguntó, —muy amable jefe, —dije, mientras le muestro una bolsa igual con agua. —Bueno, ¿qué número de corredor tienes? —me preguntó, —¡qué pregunta tan difícil! —pienso, mientras bajo la vista para ver mi número —306, jefe, mientras se aleja lentamente de mí, escucho —voy cuidando al corredor de la playera negra, el 306, el último—, el último, el último... seguramente hablaba con alguien a través de la radio portátil. Sin embargo, el eco de su voz con la frase "el último" se repetía constantemente en mi cabeza. Ahora y estando en completa calma, me doy cuenta que no es tan malo ser el último, si se llega y se llega bien.

Nuevamente en soledad, las calles lucen solas, dos personas caminan presurosas, seguramente van a sus hogares o al trabajo, ellas en sus pensamientos, yo en los míos, son caminatas diferentes, ritmos diferentes, con objetivos diferentes, un coche pasa con rechinido de llantas y ahora sus frases ya no son más de aliciente, sino de insulto y enojo. Los grandes y vistosos hoteles bien iluminados se han quedado atrás; algunos comercios ya han cerrado y sólo en algunos lugares permanece el movimiento nocturno; realmente no sé cuánto falta para llegar, no hay siquiera a quién preguntarle la hora. ¿Estarán aún los organizadores?, ¿ya habrá terminado todo? ¿Se habrá ido mi hermana Mili a disfrutar del sol, arena y mar? Un sinnúmero de preguntas venían a mi cabeza, cuando de repente, subo una cuesta que me hace recordar que una noche previa a la carrera caminé ocho kilómetros en compañía de mi hermana Mili en la oscura noche y la fuerte brisa, y este puente lo habíamos pasado, esto fue un gran aliciente, pensar que sólo faltaban un par de kilómetros para llegar al asta bandera, y como señal previa, estaba el hotel RIU, en el que estábamos hospedados; mientras estoy en mis pensamientos y descendiendo el puente, a lo lejos observo a dos corredores que retoman su paso de carrera dejando a otro corredor que camina acompañado de una pequeña montada en bicicleta. —Hola, buenas noches, ¿cómo va? —me preguntan, —bien, gracias

—respondo, —bueno, suerte, —me dicen, y continúo con mi caminar. Más adelante una voz me sorprende —¡tú puedes Albert!, al sentir estas palabras que provenían de mi hermana Mili, recibo inmediatamente una cantidad fascinante de energía que me recorre desde los pies hasta la cabeza, activando todo mi cuerpo, presuroso volteo y veo que Mili está acompañada por Lupita y Pablo, quienes afuera de una tienda reponen sus energías. ¡Qué emoción, qué gran apoyo!, esto hace explotar mis endorfinas y más rápido de lo que pienso me acerco a mi viejo amigo y corredor, el que me marcó todo el tiempo el ritmo y el camino, —¿no se ve el hotel? —me pregunta, —no, pero ya falta poco, porque desde aquí veo el asta bandera muy cerca —replico; mientras un calambre se empieza a apoderar de mi pierna. —Bueno jefe, me voy a adelantar porque tengo un calambre, —le digo y retomo mi ritmo de caminata, dejándolo atrás. Poco después hotel a la vista, qué impresión, qué alegría, qué sensación de enorme felicidad me invade, sin embargo, los calambres en ambas piernas me recuerdan lo débil que soy, miro al cielo y observo que corro bajo las estrellas y pienso —estoy próximo a terminar, tengo que terminar, no me voy a dar por vencido, no en estos momentos. El dolor invade mi cuerpo y me es difícil respirar y correr; con lágrimas en los ojos y tomando una fuerte inspiración, aprieto mis puños por acto reflejo, afilo la mirada y retomo mi postura de corredor, sin embargo la falta de fe y energía me obliga a retomar la postura incorrecta. Después de varios intentos me es difícil mantenerme, creo estar cerca del final, de mi final, cuando de pronto escucho la voz de un espectador muy peculiar, quien dejando a un lado la comodidad de su asiento se pone de pie, mientras su acompañante permanece observando y con potente voz me dice —vamos corredor, ya casi llegas, tienes que llegar y tienes que llegar corriendo. Me ha lanzado una ráfaga de alicientes frases, de energía pura y de fe. Retomo mi postura de corredor y concluyo con éste, el más difícil, el más cruel de los retos, "el reto conmigo mismo".

Subí la banqueta, los calambres aumentaron, el camino con grava suelta hacía trastabillar mis piernas, la potente luz no me permite ver bien, sin embargo, levanto mis brazos en señal de triunfo, mi cara se ilumina y los aplausos de los espectadores me dan la bienvenida, mientras el chip se encarga de dar el gran toque final a esta aventura. Miro al cielo y sólo veo estrellas, observo a los pocos espectadores y me reconforta, ellos son los que merecen los aplausos, quién más que ellos, quienes con fortaleza esperan resignados a que sus amigos, familiares o simplemente un desconocido se acerque a la línea de llegada para lanzar ráfagas de energía pura. Entonces me digo: —corrí con las estrellas—. **¡ESTO ES LO QUE SE VIVE EN UN MARATÓN!**

Como disco rayado que se detiene en plena canción de gloria y como un mal chiste, a jalones me quitan el chip, me cuelgan la medalla e imagino que me dicen —ya váyase a su casa, no esté molestando, suficiente tiempo hemos perdido, ja, ja, ja... —¿Y el paquete de recuperación? —me pregunto, —¡nada!, ya váyase a su casa a descansar, que deje de estar molestando, ja, ja, ja... Me he reído tanto, que he tenido que soltar algunas lágrimas.

Me recargo en un bote de basura para no desfallecer de la risa, repentinamente un médico me dice —¿necesita que le demos un masaje?, —sí, por favor, en ambas extremidades y en la espalda, ja, ja, ja... Al poco rato llega mi hermana Mili y me asiste con un plátano y una bebida isotónica, qué gran experiencia.

Aunque estoy consciente que dije e incluso reafirme al otro día del maratón y en pleno uso de mis facultades mentales no volver a participar en un maratón, porque es mucho desgaste, sé que sí lo volveré a hacer, mientras Dios me de vida y salud.

Reflexiones Finales

Agradezco a mi hermana Mili por haber compartido conmigo sus frases de aliciente a lo largo del año. Les doy las gracias a Lupita, Raúl y Pablo porque me ayudaron a tomar una decisión que comenzó como una broma en el aeropuerto y que había planeado a inicios de 2010: "observar de cerca cómo se vive un maratón". También le agradezco al corredor Javier Cabrera por tenerme paciencia y sus buenos comentarios e inscribirme a las más de 25 carreras a lo largo del año. Por último quiero darle las gracias a la señora Irma, mi agente de viajes y maratonista, por su atención, invitación e insistencia a participar en el Vigésimo Sexto Maratón Internacional Nocturno de Cancún.

"Respetemos la naturaleza y aprendamos a vivir en armonía"

VII Medio Maratón Puerto de Veracruz (01:49:10)

(23 de enero de 2011)

El constante movimiento del autobús me ha despertado; nuestro capitán al volante, firme y bien despierto se encarga de ponerle emoción a esta aventura. Hemos pasado cuatro túneles bien iluminados que le dan color y emoción al viaje. Intento dormir, pero lo único que logro es dormitar, volteo y miro a mi hermana Mili, dormida como un angelito, creo que la mayoría de los marineros a bordo del autobús vienen reponiendo sus energías. "Estoy perdiendo el ritmo de carrera, se hace más intenso el dolor en mi sacroilíaco, mi articulación comienza a inflamarse y mis piernas no responden. Cuando estoy a punto de caer por la fatiga, un par de baches en la carretera hacen trastabillar mis piernas y caigo rodando por el suelo, exaltado por el golpe y el rodar por sobre el pavimento me despierta", —tenía una pesadilla —me digo, sin embargo, no me di cuenta en qué momento me quedé dormido. Un par de horas he permanecido despierto, recordando "hace un año en un viernes también partimos al Puerto de Veracruz para participar en la VI edición, nuestro capitán era otro y otros los compañeros del correr.

Es de madrugada, la mañana es fresca y se puede respirar la brisa del mar; el señor sol nos observa tras las nubes, y el señor vientose ha quedado quieto observando lo que acontece en el puerto. Mientras un grupo de jóvenes rompe con la quietud de la mañana, amenizando el momento a un ritmo armonioso y muy contagioso, como dándonos la bienvenida a todos los corredores y espectadores, sin distinción alguna. Mientras, por la calle Reyes Heroles se puede ver el movimiento: corredores y espectadores tomando los mejores lugares en el bloque de salida, espectadores afinando garganta y corazón, corredores calentando y repasando. Se respira un ambiente al estilo jarocho.

Por un instante, como si el tiempo se detuviera, todos en el bloque de salida han guardado silencio, el viento ha permanecido inmóvil, una sola voz conformada por cientos de corredores y espectadores se escucha: —Diez, la cuenta regresiva ha comenzado —nueve, se escucha el palpitar de los miles de corazones —ocho, la adrenalina empieza a circular por nuestras arterias, elevando la temperatura corporal —siete, el eco de nuestra inspiración resuena en nuestros oídos —seis, damos una fuerte inspiración mientras el viento va retomando fuerza —cinco, el sonido de la cuenta regresiva es más agresivo —cuatro, miro hacia adelante y veo hacia atrás y observo la euforia en corredores y espectadores —tres, repasamos puntos de abastecimiento, recorrido y ritmo de carrera —dos, afinamos la mirada, ubicamos familiares y amigos y nos decimos un hasta pronto —el banderazo de salida, que al unísono con la algarabía de los espectadores, los aplausos y el cántico sonoro de los cientos de chips transforman el escenario en una fiesta de alegría y colorido.

Como adolescentes y adultos transportados por el mágico mundo del tiempo, nos regresa a través de las épocas y nos devuelve a la niñez. Por primera vez corremos presurosos, cada uno a su ritmo y en sus pensamientos, hasta llegar al boulevard Ávila Camacho y correr por toda la costera mirando de cerca el grandioso e inmenso mar. Entre el barullo de niños, jóvenes y adultos que corren y observan se escuchan palabras de aliento, lo que logra sacarme de mis pensamientos y, en efecto, estamos corriendo por la costera, con la majestuosidad del mar siempre a nuestro lado.

Me siento de maravilla, un poco tenso, pero bien. Corro al ritmo planeado para terminar en tiempo y forma, al mismo tiempo trato de ubicar a mis compañeros de viaje pero nada, no lo consigo, como ojo de hormiga han desaparecido. Mientras corro, un puesto de abastecimiento me alcanza, pero pienso —demasiado pronto para tomar agua o bebida isotónica —y lo dejo pasar de largo, mientras les doy las gracias. El sol nos observa tras las nubes y el viento nos regala una brisa que nos envuelve con su frescura. Han pasado un par de kilómetros, pero no les he puesto mucha atención, sin embargo, más adelante observo a algunos rápidos y aguerridos corredores que ya regresan, y pienso —he de estar cerca del regreso; vuelvo la mira y la inmensidad del mar logra captar mi atención. Con canto de sirena entre el vaivén de las olas me dejo llevar y mi mente se dispersa y se entremezcla con el agua salada y los diferentes colores que da la profundidad del mar. Me vuelvo a ver con mi traje de buzo rodeado de mis amigos de buceo y de la flora y fauna marina; las burbujas de aire que rozan mis mejillas y rebotan en el cristal de mi visor producen un sonido sordo, parecido al del tenis que impacta sobre el pavimento que se deja escuchar; corrientes de agua templada entremezcladas con corrientes de aire frío envuelven mi cuerpo y me doy cuenta que estoy ahí, justamente enfrente del Hotel Holiday Inn, que marca el regreso y el kilómetro cinco.

Nuevamente veo venir un abastecimiento, pero esta vez necesito del vital líquido, por lo que me acerco cuidadosamente para alcanzar una bolsa con agua de las manos de un organizador, cuando de repente un corredor más astuto se cruza y la toma, obligándome a romper con mi ritmo de carrera y mientras lo retomo, el puesto de abastecimiento de agua ha quedado atrás. Los espectadores siguen eufóricos, al pasar junto a un grupo de hermosas jóvenes les grito —bravo por la porra, por lo que reaccionan y comienzan a aplaudir y lanzar alicientes frases. Más adelante dos pequeñines de no más de cinco años nos dan ánimo con frases cortas pero llenas de energía. Una señora grita con voz potente palabras de apoyo dirigidas a las mujeres: —vamos mujeres, sí se puede, —¿y nosotros? —le pregunto mientras corro, —ustedes también, sí se puede —me responde; mientras me alejo dándole las gracias.

—Voy a llegar al kilómetro diez y me regreso, según me sienta— creo estar escuchando la voz de Irma, una corredora aguerrida que encabeza este pequeño grupo de viajeros corredores. Agua, nuevamente un puesto de abastecimiento me regresa al aquí y al ahora. Sin darme tiempo a pensar tomo una bolsa con agua y más adelante una bolsa de supuesta bebida isotónica; por primera vez veo que dan bebida isotónica en bolsas y no en los tradicionales vasitos. Metros más adelante, el Hotel Lois donde estamos hospedados pasa a toda prisa, indicando que estamos próximos al kilómetro diez. Un grupo de espectadores nos observa pasar, mientras otro nos regala palabras de apoyo, y algunos más vamos animando a los que calladamente nos observan.

Nuevamente vuelvo la mira y el inmenso mar a mi lado. A estas alturas del día ya se siente el calor, no recuerdo si el sol por fin decidió salir o simplemente es producto de la emoción de correr justamente al lado del mar, con los compañeros competidores y en este hermoso Estado de Veracruz; no lo sé, pero me siento feliz.

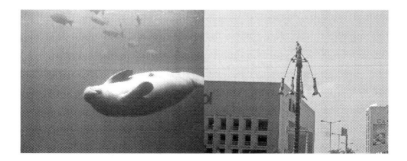

Durante todo el recorrido no ha faltado abastecimiento de agua, bebida isotónica y apoyo, y aunque mis piernas empiezan a sentir el cansancio, mis pensamientos siguen frescos y fortificados. Una vez más el mar se encarga de transportarme a mis buceos diurnos y nocturnos; el no poder ver más allá de mi nariz me produce una sensación de miedo, no puedo sentir la diferencia entre la profundidad del mar y fuera de ella, qué inexplicable sensación, por encima del mar la oscura calma de la inmensidad y por debajo, la oscura quietud de la inmensa profundidad. No encuentro otra explicación, ¡seguro existe Dios, no hay duda! Mientras corro, por entre mis pensamientos un letrero me indica que estamos en Insurgentes Veracruzanos y me recuerdo que pronto tendré que dar vuelta en U frente al Mercado de Artesanías. En tanto corro, vienen a mi mente bellos recuerdos de mi adolescencia, cuando se viajaba todavía en tren, qué viajes tan largos e incómodos, pero qué momentos de inmensa felicidad compartí con mi familia.

De repente, un grupo de jovenes espectadores de la tercera edad me sacan de mis pensamientos para traerme de vuelta a la realidad; mientras al otro lado de la calle, un grupo más de espectadores arman una gran fiesta, donde los festejados somos los corredores. Algunos comercios ya han abierto; tenderos, meseros y otros marchantes también hacen de esta Séptima Edición del Medio Maratón del Puerto de Veracruz un carnaval, en donde los protagonistas principales somos nacionales y extranjeros, corredores y espectadores. Ahora estoy saliendo de la calle Hernández y Hernández para incorporarme nuevamente por el boulevard Ávila Camacho. Estoy a escasos seis kilómetros de concluir mi reto.

Los abastecimientos siguen haciendo su función; en las alturas, los espectadores asomados por sus balcones nos lanzan frases de apoyo, que llegan a nuestros oidos empujadas por el señor viento, mientras que otros espectadores sentados en las banquetas nos observan con curiosidad. Uno que otro vigilante también se ha unido a esta fiesta.

—Alberto, Alberto, volteo presuroso y sorpresa, Irma, mi amiga aguerrida y corredora sigue en la pista en pie de lucha, no se ha dejado vencer por el cansancio que dan los kilómetros y el verla tan fresca y decidida me reconforta. Mientras tanto, el espacio envidioso se encarga de alejarla de mi vista a toda costa.

Espectadores pasan, corredores me rebasan, los kilómetros siguen pasando y los puestos de abastecimiento también, creo que esto es la vida, un instante estás aquí en este espacio y tiempo, y en el instante siguiente ya no; la vida está hecha de instantes de movimiento. En el cielo el aire se mueve, la tierra se mueve y los inmensos mares se mueven, aunque mis piernas ya van cansadas no se han manifestado los calambres, no he tenido que tomar glucogel, esto es, creo que me siento formidable, qué más puedo pedirle a la vida "correr, conocer y compartir" y sólo me resta dar las gracias. Mientras redacto la crónica de este gran reto, un fuerte suspiro se me ha escapado desde el fondo de mi corazón.

Un grupo de jóvenes entusiastas tocan y bailan sobre el boulevard Ávila Camacho, dándonos la bienvenida a todos los corredores, indicándonos que estamos próximos a concluir con esta gran aventura. Mientras corro, observo que estoy próximo a retomar la calle Reyes Heroles y tendré que despedirme de mi amigo el mar, el inmenso y majestuoso mar, estos son mis pensamientos. Repentinamente, un corredor me alcanza —creo que no voy a terminar, un calambre muy fuerte me está dando en mi pierna —me dice, —es mi primer medio maratón, sólo he corrido algunas carreras de diez —agrega, —un calambre también me puso en una situación difícil, pero tienes que hacer tu mejor esfuerzo, no te rindas —le digo, mientras disminuyo mi ritmo de carrera, ya que un fuerte sentimiento se ha apoderado de mí, manipulando mi respiración y haciendo que recordara la penúltima carrera de 2010. Poco tiempo después damos vuelta en la calle Mar del Norte e ingresamos a la pista de atletismo de la Facultad de Educación Física; al ver a lo lejos la manta de llegada, un enorme aliento de vida llega a mí, mantengo mi ritmo de carrera, levanto mis brazos en señal de victoria, mientras mis labios dibujan en mi cara una sonrisa de alegría.

—Señor, le quito su chip —me dicen, —yo me lo quito porque lo amarré con la agujeta —replico, —no se preocupe —me dice, mientras amablemente desata mi agujeta y saca el chip, dándomelo, —deposítelo en la urna para que entre en el sorteo del automóvil, —agrega. Tomo el chip y le doy las gracias —eres muy amable hijo —le digo, mientras pienso —qué diferencia, ¡amables son los veracruzanos!

Sigo caminando y al otro lado de la pista veo a mi amigo Javier, quien hace estiramientos para relajar sus piernas y sentirse mejor. Posteriormente me echo en el pasto y comienzo mis estiramientos acostumbrados para relajar mi cuerpo de los esfuerzos realizados.

Después, bien bañaditos y peinaditos recibimos nuestro merecido reconocimiento, una singular comida de convivencia entre los corredores de este pequeño y entusiasta grupo.

"Ahora lo sé, Dios hace las cosas con un firme propósito y ahora acepto el mío"

XIV Sky Race Morelense 23 K
(07:30:00)

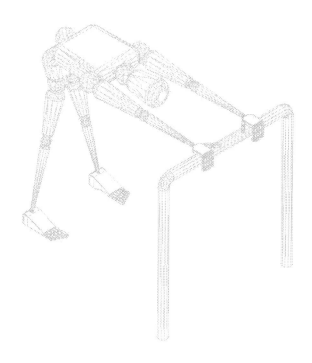

(5 junio de 2011)

¿Cómo iniciaré este relato? Siete horas y media en la montaña es demasiado tiempo para poder plasmarlo en tan poco espacio. Una semana larga y difícil, y un reto diferente en espera de ser realizado, pero la madrugada del domingo llegó y allí estábamos, en medio del silencio, de la oscura calle, de la solitaria avenida, esperando para reunirnos con los amigos y dar inicio a este Décimo Cuarto Sky Race Morelense 23 K, 2011, el más difícil, largo y extenuante reto, con salida en la iglesia del poblado de Santa María Ahuacatitlán y llegada en las Lagunas de Zempoala en Huitzilac, Morelos. 23 kilómetros de recorrido en las montañas a una altitud máxima de 3175 metros sobre el nivel del mar y más cerquita de Dios, ¡no sé!, es algo más. Es el paisaje, los colores, los olores, los sabores, es el palpitar con más fuerza de nuestros humildes corazones, es la respiración profunda y entrecortada, son sensaciones y sentimientos completamente diferentes que vibran a más alta frecuencia, es el brillo de la vida que se nos escapa, es la vida misma reflejada en los árboles, en las plantas, en el sonido particular de la montaña que despierta a un nuevo día, a un día diferente. Se siente en la frescura del aire que se respira, en todo lo que se ve y se mueve, no es la dureza de la tierra, es la caricia de la madre tierra en nuestros pies y en nuestros sensibles corazones, es el chasquido de las hojas secas, mas no el sonido de nuestros huesos envejeciendo con el paso del tiempo lo que nos reconforta, no es la frescura del rocío de la mañana resbalando por nuestras mejillas, es una lágrima de esperanza, de alegría, de coraje, de convivencia, de iniciar y terminar juntos, son las ramas de los árboles y las plantas que se extienden para acariciarnos con sus suaves hojas pidiendo que permanezcamos en este paraíso olvidado por los hombres, mas no el cansado paso de nuestros pies que nos hace perder el equilibrio y nos empuja sin compasión hasta tirarnos sobre la tierra, es el manto del viento que nos cobija, la chispa de la vida que nos brota, el sonido del silencio que nos atraviesa sin dañarnos, es la perfección, es la percepción, es la luz interior en nuestros afligidos corazones lo que nos hace vibrar y ver la vida de manera diferente, es... ¡la vida misma!

En Santamaría Ahuacatitlán, un poblado ubicado a dos kilómetros de Cuernavaca, Morelos, fue el indicado, quizá por su cercanía con las montañas para ser el inicio de este reto, sus calles empedradas, serpenteantes con subidas y bajadas lo hacían un pueblo característico y un reto inolvidable. Los espectadores dejaban de serlo para convertirse en corredores; las inscripciones para la competencia aún seguían, corredores llegaban, algunos caminando y otros en automóviles y es allí donde nos encontrábamos nosotros. Después de las inscripciones nos regresamos al vehículo para prepararnos, para ajustar y hacer cambios, para pasar de espectadores a corredores, ¡los mejores corredores!, ¡los mejores amigos!, mis amigos para compartir, dulces, miel, bebidas hidratantes y frases de aliciente. Mientras nosotros nos preparábamos, los organizadores también y en la iglesia del pueblo la misa daba inicio, el sol ya calentaba el lugar y los pobladores comenzaban un día diferente.

—Es uno de los retos más difíciles del circuito de carreras, "sólo para salvajes", —nos decían los organizadores y algunos de los competidores que ya habían participado en el recorrido en ediciones anteriores. Al escucharlos, mi preocupación aumentó, —creo que no debí poner este evento en mi plan de carreras de este año —me decía con gran preocupación; después de varios comentarios de este tipo y con la turbulencia de ideas en mi mente, una chispa detonó, cambiando lo que sería una preocupación en un verdadero reto y me pregunté —¿cuál sería el reto si hubiese puesto en mi plan de carreras, una menos difícil?, ¿cuál sería el reto?

"Queridos amigos, les quiero agradecer su confianza, pero sobre todo el brindarme su amistad. Ayer que llegué a su casa con la angustia

de ver a mis hijas que a Dios gracias me recibieron con un gran abrazo, estaban bien, ya saben, uno de mamá se preocupa, en fin, le comenté en la noche a Violeta que con lo que había hecho ayer ya me retiraría de las carreras, que quedé hasta el full, je, je, je, je... era mi desesperación por llegar, pero en la madrugada desperté y se me vinieron a la mente muchos instantes que pasamos juntos ayer y le di mil gracias a Dios por darme la oportunidad de vivir esa experiencia junto a cada uno de ustedes; con lágrimas en los ojos de la emoción se los digo, los quiero mucho, gracias por su compañía. Pero, ¡sorpresa!, hoy en la mañana me dije: —¿cuál sigue?, me siento ¡súper poderosa! ¡Wwwuuuuuaaaaaa!, somos súper salvajes je, je, je... ¡Correré con mucho entusiasmo mi medio del Día del Padre! Muchas felicidades a cada uno de ustedes, espero que hoy ya no estén adoloridos, yo solamente muy poquito y se sientan igual que yo con mucha fuerza física y mental.

¡Wuuuuaaaaauuuuuuuuuu y más wwwuu uuuuuuuaaaaaaaaaaaaaaauuuuuu! ¡Claro!, quiero más de los buenos momentos, ¡bravo, bravo!, gracias, es muy emocionante, con un nudo en la garganta, ¡gracias, gracias, gracias Dios mío! por permitirnos vivir esos momentos juntos, los quiero. Y nuevamente felicidades por este reto.

Irma"

Por fin se tendió el arco de salida y los más de 200 corredores comenzaban a acomodarse en los mejores lugares, mientras Jorge y Mili tomaban los mejores ángulos para captar ese momento inolvidable y que quedaría grabado en nuestros corazones, algunos otros trotaban para calentar y nosotros también, mientras los demás terminaban de dar los últimos ajustes a sus vestuarios y a su hidratación.

"Me da mucho gusto y me es muy reconfortante lo que nos acabas de compartir, yo también me siento excelente (bueno un poco cansado) y créanme que disfruté mucho su compañía en cada paso, en cada parte del recorrido, gracias por dejar una huella más en el recorrido de esta carrera de mi vida y de mi corazón; fue mucho el tiempo que pasamos en la montaña y mucha la distancia que recorrimos juntos, y si volviera a nacer, la correría otra vez, pero si no es con ustedes, no sé si valdría la pena. Gracias por el abastecimiento de amistad y a pesar que tengo poco tiempo de conocerlos, los he llegado a querer mucho.

Hoy y en estas condiciones de desesperación extrema, no voy a pensar y no tomaré una mala decisión, sólo daré las gracias por seguir con vida y dejaré que el día se termine, mañana será un nuevo día.

Que dios los bendiga Irma, Carlos y Felipe, y nunca dejen de brillar. Salud, saludos y un excelente día

Alberto"

Nueve treinta de la mañana y la cuenta regresiva daba inicio —a la cuenta de tres, decían los organizadores: —una, dos, tres, —contábamos todos los corredores tras el arco de salida; las pulsaciones de nuestros corazones nos marcarían el ritmo, nos marcarían la vida, la fuerza de nuestra respiración aumentaba, las endorfinas también, en las miradas de mis amigos se les notaba el entusiasmo por iniciar un nuevo reto, sus pensamientos no estoy seguro, mientras tanto la carrera para salvajes había comenzado.

"Amigos corredores, ya nos convertimos en salvajes al cumplir con este reto morelense y no es cualquier reto, ya que nos comentaban que es de los más difíciles, estoy feliz, feliz, feliz de haber participado. Ya en la noche, en el momento del baño, hice el recuento de mis incidentes:

Una raspada en la espinilla de mi pierna izquierda al encontrarme con un tronco salido; un golpe en la rodilla derecha al atravesar un tronco. Un rasguño en la pompi derecha también al saltar otro tronco. Una raspada en la rodilla izquierda cuando me caí de 'face', cuando se me atoraron los pies con unas ramas hasta la gorra se me cayó, por lo que comentaba Felipe que corrí hasta con la cabeza, lo bueno que caí en tierrita. Y ya para llegar, al atravesar un río pisé la piedra para apoyarme y cruzar y se movió, lo que causó que metiera los dos tenis al agua, por lo que sentí fresco. Pero todo eso forma parte del logro para cumplir con ese reto que disfruté mucho en compañía de ustedes. Raúl, esto es sólo una muestra de cómo la pasamos. Saludos, que estén bien.

Claro que sí me acuerdo, qué momentos vivimos tan inolvidables, no se compara con nada y qué gusto compartir esos momentos con ustedes

*y especialmente cuando llegamos a la meta juntos
en un tiempo récord de más de siete horas.*

Carlos"

Todos en silencio corriendo por las calles empedradas, serpenteando al ritmo de las curvas y de las cuestas largas, cada uno en sus pensamientos, en sus preocupaciones, ¿qué nos aguardaba en las montañas?, ¿qué tan difícil podría? —A fin de cuentas estaríamos en contacto con la naturaleza un poco de tiempo —me decía, mientras observaba a nuestra gran amiga y corredora Irma corrigiendo aquellos pequeños detalles sin interrumpir su ritmo de carrera. —¡Felipe, ven acá! Tu abastecimiento en la cintura está muy flojo, hay que ajustarlo. Carlos, el tuyo también, ¿cómo lo sientes? —preguntó, —bien —respondió, a lo que replicó —pásalo para la parte posterior de tu cintura para que no te estorbe al correr.

Conforme íbamos avanzando, el pavimento, el empedrado, las casas, los postes, los coches y los pocos espectadores se iban haciendo menos, poco a poco las bardas amuralladas de piedra y ladrillo se iban transformando en cercas de grandes y verdes arbustos, los altos postes de concreto se iban transformando en altos y frondosos árboles llenos de vida, las calles y cuestas largas se tornaban suaves, la flora poco a poco iba desplazando todo lo inerte, hasta que llegó el momento justo donde la transformación comienza, donde la dimensión en espacio y tiempo se da, donde los contrastes se reafirman. La dureza del suelo se transformó en tierra blanda y natural, los colores grises se transforman en colores verdes, en colores de vida, mágicamente los objetos inertes se transformaban en altos y esbeltos árboles milenarios vivientes, los rayos del sol jugueteaban por entre las ramas de los árboles, como ráfagas de luces de todos los colores rebotando en las suaves hojas de los árboles, qué sensación de verdadera libertad.

Conforme seguíamos corriendo, la vegetación se hacía más variada y abundante, un sendero hecho de piedra suelta con una cuesta zigzagueante verdaderamente difícil de correr probaban nuestra fuerza física y mental, pero como buenos guerreros salvajes no nos dejábamos intimidar ni vencer por la situación. Cuestas de roca firme cubiertas con hojas secas se ponían en nuestro camino, pisarlas y escucharlas crepitar daban una sensación inexplicable, algo único. Los árboles se entrelazaban en la parte más alta de sus tallos formando verdaderos túneles, cubriendo nuestro camino de los intensos rayos del sol.

El estrecho camino siempre cuesta arriba se tornaba más difícil; lo que fue nuestro correr ahora se convertía en un trote suave, en un trote de entrenamiento, la temperatura comenzaba a bajar lentamente y la altitud a subir, sin embargo no había tiempo para el arrepentimiento porque seguíamos frescos, porque teníamos una meta.

Corrimos, trotamos y nos hidratamos. Qué bien me sentía observar esta jungla de vida, correr y rozar con las palmas de las manos la corteza de los árboles, las ramas, las hojas; sentir de vez en vez la suave caricia de las ramas en nuestros brazos, en nuestra cara, en nuestro cuerpo; sentir la suavidad de la tierra del camino en nuestros cansados pies.

Era impresionante ver los diferentes escenarios que la misma naturaleza nos iba mostrando con el constante andar, espacios completamente verdes, espacios completamente tristes, verdaderos momentos que se prestaban a la reflexión, a la meditación. En algunas partes del recorrido la naturaleza se volvía a compadecer de nosotros y nos regalaba pequeños columpios, pendientes poco inclinadas y alguna que otra bajada en las que podíamos trotar un poco más, un poco menos; ¡qué acertada estaba Irma al decir que sería una carrera de entrenamiento físico y mental!, ¡bravo por eso!

Mientras subimos por el acueducto pavimentado de no más de 60 cm de ancho y casi 200 m de largo, nos alternamos Felipe y yo para tomar algunas fotografías y llevarnos este precioso recuerdo a casa. La pendiente tenía un ángulo de inclinación de aproximadamente 45 grados, bueno, bueno, ésa es mi apreciación, si no es que más. Se siente la fuerza de la gravedad jalando hacia atrás, mientras corremos para llegar a la cima. Me he vuelto a detener para tomar algunas fotografías, pero al retomar la pendiente para seguir subiendo noto que no llevo velocidad y de repente comienzo a resbalar hacia abajo y esto me ha asustado un poco, por lo que he tenido que inclinarme un poco más y subir con más fuerza hasta llegar a la parte más plana, en donde nos aguardaba un pozo lleno de agua fría, la cual sin esperar, la llevamos a nuestras bocas para refrescarnos y continuar con nuestro correr.

Seguimos corriendo, trotando y en algunas cuestas difíciles caminando, algunas veces callados, pensando, pero aún como fieles guerreros marcando el paso con el latido extremo de nuestros corazones, el cansancio poco a poco va ganando terreno y el tiempo lentamente va pasando.

Seguimos corriendo a la ladera del acueducto pisando firmemente para no resbalar, serpenteantes caminos llenos de hojarasca, piedras y ramas de árboles. Algunas veces Felipe, algunas veces Carlos y otras veces Irma, pero si pareciera que nos ponemos de acuerdo para ir cambiando la cabecera, como cuando vuelan los patos y se cansa el pato guía, otro toma su lugar para guiarlos a su punto de migración, a la meta.

Como laberinto, entre piedras enormes hemos tenido que atravesar por un camino estrecho, bloqueado por algunos troncos de árbol, para salir al otro lado del camino que es la única forma de continuar. Árboles y hojarasca se interponen en nuestro camino, las cuestas difíciles también, pero esto no nos detiene; conforme avanzamos me siento más fortalecido, creo que mis pulmones me están agradeciendo el que los haya traído a respirar aire 100% libre de contaminación, espero que esto no me enferme; terminando nos pegamos al tubo de escape del auto (es una broma).

Uf..., qué bien se siente estar aquí, no sé cuánto tiempo llevamos subiendo y mucho menos la distancia, pero el buen humor sigue excelente, ¡vieja el último!; no sé quién ha dicho esto mientras corremos sobre un camino cuesta arriba lleno de hojarasca seca, pero ha sido tan ocurrente que nos ha causado mucha gracia.

Conforme seguíamos corriendo la vegetación se hacía más variada y abundante, creando formas y figuras a la distancia; mirar hacia arriba y observar sólo la parte más alta de los árboles lo hacían una vista excepcional, una imagen única. El observar y respirar sin censura mientras corría me hacía sentir una grata sensación; mientras espiraba, sentía el aire más ligero, como si tomara el oxígeno de los árboles en el momento justo en que se produce ese intercambio "madre y padre tierra, tomo de ti el oxígeno que no necesitas y te regalo mi dióxido de carbono para que ambos podamos vivir en armonía y vibrar en la misma frecuencia".

Y así seguimos: caminos serpenteantes, columpios, cuestas difíciles, brincando troncos de árboles caídos, pisando la tierra blanda, la hojarasca, caminos confusos que se definen con el pasar del tiempo, de la distancia. Entre el trote suave, el ritmo, la respiración entrecortada, la hidratación, las gomitas, el esfuerzo, mucho esfuerzo, continuábamos cansados, ¡sí!, poco cansados ¡no!, muy cansados, pero con la firme decisión de terminar, de concluir con un gran reto y no hay vuelta atrás.

Más adelante, por fin un puesto de abastecimiento, uno muy diferente, uno muy especial: la hidratación yacía sobre la hojarasca y la tierra mojada, no había una mesa, las bolsas del vital líquido posadas por sobre la tierra, esperando a ser ingeridas por un salvaje corredor, supongo que era la mejor forma de mantenerlas frescas, con el contacto de la tierra húmeda y fría. Después de ser informados de la siguiente parte del recorrido.

—Toda vía falta la parte más difícil —decía el encargado del abastecimiento; ya no recuerdo cuántos kilómetros faltaban de pura cuesta arriba, completamente difícil. —¡Compañeros, tomen agua y recarguen sus envases! —dijo Irma, a lo cual obedecimos al instante. Llené mi envase de plástico con agua, aparte ingerí tres bolsitas con agua, bueno, sólo el agua, las bolsas las dejamos allí para no contaminar aquella selva de vida.

Hace ya rato que dejamos el puesto de abastecimiento y la cuesta difícil parece no terminar —que ya termine —me digo, pero la montaña pone oídos sordos. —¿Realmente pensará que somos salvajes? Creo que es una buena pregunta —pienso, mientras sigo caminando y disfrutando de estos hermosos paisajes. Después de ver el planeta que tenemos creo que tiene razón, "somos unos salvajes", sin embargo, aquí en la montaña todo es completamente diferente. Mientras sigo en mi diálogo mental, una rama tierna y blanda se ha encargado de traerme en tiempo y espacio, golpeándome la cabeza sin ocasionarme daño alguno.

El camino es completamente difícil, cada vez que levanto una pierna para correr un tramo corto, lo tengo que hacer con más fuerza; los músculos me piden descanso, pero sé que no tengo que pensar en el cansancio, tengo que bloquear esa parte de mi cerebro y seguir con más ganas, ¡el cansancio no existe, no existe!, ¡el descanso será después!

Ahora, el camino se ha tornado más agresivo, la cuesta arriba siempre difícil, las plantas y los árboles se acercan más a nosotros para acariciarnos o para tirarnos; las ramas de los árboles se esconden entre la vegetación rozando nuestras cabezas al pasar; troncos de árboles tumbados obstaculizando el camino, en verdad duele levantar las piernas para seguir adelante, no sé qué es más fácil, brincar el tronco o darle la vuelta, y mientras lo pienso me siento en el tronco para descansar unos cuantos segundos y llegar a una conclusión.

Sé que quizá no me perdonen por este reto tan difícil y que mañana dejaré de tener amigos, pero creo que cada vez que se acerquen a una montaña o corran por entre los árboles de un viejo camino o en un lugar con mucha vegetación, se acordarán de la gran fuerza de voluntad que llevan en su interior. La gran decisión que ellos mismos tomaron para convertir éste, mi reto, en suyo también. Bien por ustedes, nunca lo dudé, sabía que como excelentes corredores recreativos, todos terminaríamos y levantaríamos muy en alto nuestros brazos y nuestros corazones; gracias Dios mío por darnos la oportunidad de ser personas diferentes, gracias Dios mío por darme la oportunidad de disfrutar de la vida, nos enseñan cómo debemos vivir la vida, pero no cómo disfrutarla.

Me he agachado para levantar una piñita del suelo y mientras troto, la observo —me la voy a llevar como un recuerdo de este reto, pero antes de que termine la oración, pienso —¡no!, qué mejor lugar que éste para que se quede, después de todo en su interior tiene la semilla que brotará y se convertirá en un árbol; le tomo varias fotografías y la coloco nuevamente en el suelo.

Seguimos subiendo, cada vez hay más árboles caídos, rotos, partidos en dos o tres partes, creo que la naturaleza los ha tumbado. Árboles con diámetros de 60, 80 o quizá un metro de diámetro en las laderas del camino, y en la profundidad de la montaña, raíces de árboles que serpentean al ritmo de las curvas difíciles, afianzadas en la madre tierra. Cortezas de árboles cubiertas con musgo verde trepando como si quisieran llegar al cielo, toda clase de pinos y árboles verdaderamente frondosos que se lucen en la misma lejanía, formando el paisaje; rocas grandes que sobresalen de la vegetación haciendo la diferencia.

Cintas rojas colgando por entre los árboles, piedras pintadas de rojo y cintas amarillas van marcando el camino; cada cinco metros o cada vez que crees o te sientes perdido sólo basta con levantar la mirada y una de estas señales sale a tu encuentro para indicarte que vas en el camino justo, en la vereda correcta, en la ruta de los campeones, "en la ruta de los salvajes".

Ahora, han pasado los metros y nos hemos distanciado un poco: Carlos de mí, Irma de Carlos y Felipe de Irma, creo que es la parte más difícil de la ruta. De repente en la profundidad de la montaña y surcando el espacio, esquivando los árboles y llenando todo el paisaje —¿Cómo... vas... Felipe...? —una voz rompe con la quietud del silencio, —¡bien...! —se escucha la voz de Felipe quien contesta al llamado de Irma.

Hemos llegado a un letrero que cuelga de un árbol, y que con letras blancas y en fondo azul dice: "14". Mientras espero con Carlos a que se acerquen Irma y Felipe, aprovechamos el tiempo para descansar un poco y tomar algunas fotografías para el recuerdo.

Por arriba, por abajo, los troncos de los árboles se van pasando, haciéndonos sufrir. Sé que debe faltar poco para llegar a la parte más alta, porque por entre la espesa vegetación hay huecos en los que se puede divisar el paisaje, montañas que se cubren con árboles de todos tipos; montañas de diferentes alturas y unas más verdes que otras. En otros huecos se puede apreciar cómo las enormes rocas salen de las montañas formando verdaderos paisajes. A la lejanía y bajando la mirada se pueden ver las cuestas inclinadas y difíciles que ya son cosa del pasado; montañas que se trasponen consecutivamente hasta perderse con las nubes y la distancia.

Estoy llegando a una enorme pared de roca que hay que trepar —imposible subirla a trote —me digo, y cuando ya estoy por desistir debido al dolor que se produce en mis piernas, sale a mi encuentro un segundo abastecimiento de agua, mientras de uno en uno vamos llegando, Carlos, Irma, Felipe y yo nos hidratamos y compartimos algunas barritas de amaranto, —¿Cómo estamos...? Bien. ¿Te digo la verdad?, mientras unos levantan las manos en señal de excelente, otros no sé, je, je, je...; a recargar envases con agua porque aquí no se ha terminado la historia, ni el camino. —Creo que hemos llegado a la parte más alta de la montaña —pienso; mientras guardo mi abastecimiento en mi mochila, para después continuar con nuestro recorrido.

Seguimos subiendo un par de cientos de metro más y de repente salen a nuestro encuentro un par de troncos que obstaculizan el camino, por lo que Irma levanta sus brazos en señal de "fortachona", mientras les tomo una fotografía para el recuerdo. Nuevamente el musgo se puede ver trepando por la corteza de algunos árboles; la vegetación toma los caminos y los hace más estrechos, las cuestas prolongadas y difíciles ya no son tanto, listones de color rojo siguen haciendo su aparición en ambos lados del camino, pienso que el que hizo la señalización del recorrido tuvo la visión de ponerlos en los lugares más estratégicos para que fueran vistos hasta con los ojos cerrados, je, je, je..., bueno, casi, casi.

Ahora como en un inicio vamos trotando y caminando muy juntos, nuevamente los troncos reposan sobre el suelo y la vegetación cierra por completo el camino, pareciera que por aquí no ha pasado ningún salvaje, sin embargo no es así, pasamos por entre la vegetación y se puede sentir que el descenso ha comenzado. Al levantar la pierna para brincar un árbol caído, un dolor sordo y abrumador inmoviliza mi pierna por completo, creo que me lastimé o me estoy sobreentrenando, porque ahora me es difícil caminar, sin embargo me tengo que ayudar un poco con las manos.

Conforme seguimos avanzando, se logra escuchar a lo lejos el sonido de agua que corre por un río, sin embargo no se ve por dónde pasa, quizá estoy tan cansado que confundo el sonido del viento moviendo las hojas de los árboles, asemejando los sonidos, y si no fuera así, qué reconfortante sería tocar el agua del río y poder mojar mi cara y mis brazos. De pronto, al salir de una curva, ¿qué paso aquí?, un árbol caído, botellas de plástico por doquier, papeles, fotografías, altares de madera rotos, todo tipo de basura, seguro aquí estuvo la mano del hombre; si esto es consecuencia de una peregrinación, qué caso tiene pedir perdón, si conscientemente destruimos la naturaleza, lo que Dios nos dio, ¡qué nos cuesta cuidar de la naturaleza para que ella cuide de nosotros! Definitivamente sí me ha molestado este hecho.

Seguimos cuesta abajo sorteando los árboles caídos, algunos es más fácil pasarlos por abajo y otros es mejor pasarlos por arriba, o cuando hay dos juntos uno por abajo y el otro por arriba, o como ustedes gusten. Nuevamente la vegetación es completamente cerrada y hay que abrir camino para andar, cuidando de ver en dónde se pisa. De repente, sobre la hierba un cartel que indica en fondo azul y letras grises "20", suponemos que es el kilómetro en el que vamos y lo dejamos para continuar con el descenso.

Conforme vamos descendiendo, el camino se viste de tierra cada vez más ligera, sin compactar, de tal manera que se torna difícil la bajada, dos o tres veces he patinado, pero he logrado mantenerme de pie. La cuesta abajo ahora es más inclinada y la inercia de la velocidad te obliga a jalarte hacia los lados del camino; más adelante un par de troncos sobre la cuesta inclinada hacen del camino toda una aventura para salvajes; como podemos, uno a uno los corredores vamos brincando o pasando sobre los troncos de los árboles; ahora hay que buscar ramas firmes, raíces bien enterradas para irnos agarrando, para no resbalar e irnos de "pompis" o de "pechito", hasta que un tronco o piedra nos detenga de nuestro descuido.

Desde la posición en la que nos encontramos ahora se puede divisar el camino, al contrario de hace algunas horas y algunos kilómetros, el paisaje nos muestra cuán inclinada y difícil es la cuesta abajo. Mientras descansamos un poco, observo que Irma hace una llamada telefónica.

Metros más abajo un par de troncos de árbol obstruyen el camino, pasamos por debajo de ellos, más adelante otra vez y luego una vez más. ¿Habrán acomodado los troncos o es parte del orden natural de la Madre Tierra? ¡No tengo ni la menor idea!, pero este toque la hace ver como para salvajes, ¡sí!, no cabe duda, es una verdadera carrera para salvajes.

Mientras continuamos con el descenso encontramos otro letrero que indica "21", sin embargo, nos alejamos para continuar con nuestro descenso. Más adelante nos hemos separado un poco. —¿Cómo van? —les grito, recibiendo un sonido gutural que me informa "vamos bien…" y continúo. Un par de metros más abajo volteo para ver cómo va Irma y al regresar la cabeza ¡ay, qué gusto!, enfrente de mí está Mili, qué agradable sorpresa. Ahora Mili se ha unido al grupo de salvajes, con la única finalidad de concluir este reto y llegar todos juntos como salvajes.

Los columpios que ahora encontramos en el camino son propicios para seguir trotando y lo hacemos; la vegetación no es tan abundante como en la cuesta arriba difícil. Por fin el río que alimenta a las lagunas de Zempoala se hace notar y a gran carrera lo pasamos, de repente, los últimos árboles nos transportan de una dimensión a otra, aquello que sería una selva salvaje ahora se ha convertido en una lomita con poca vegetación, con gente paseando, a pie o a caballo; familias haciendo su día en el campo; amigos que juegan; camiones, coches, se nota que estamos próximos a concluir con este reto, sin embargo, nos falta darle la vuelta a la laguna más grande, qué felicidad, qué alegría, es una sensación inexplicable que sale desde lo más profundo de mi corazón y brota en forma de lágrima, todo nuestro esfuerzo en la montaña por fin se verá recompensado. La laguna está rodeada de montañas y verdes árboles, en algunas partes de la laguna se reflejan los grandes árboles en la superficie del agua. Una diminuta lancha ubicada en medio de la laguna se mueve, corredores amigos que han visto realizar su sueño parten del lugar regalándonos sus mejores frases de aliento y a lo lejos Jorge y Mili, esperando nuestra llegada para darnos nuestro más merecido regalo, el abrazo del hermano y el apapacho de la verdadera amistad.

"De cada día supuesto malo,
he aprendido que tiene cosas buenas"

XXXI Medio Maratón Día del Padre
(01:48:31)

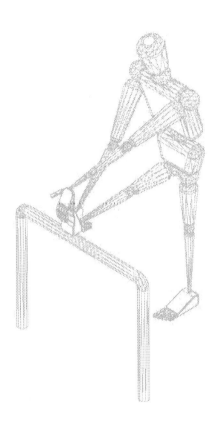

(19 de junio de 2011)

Conforme caminaba por la lateral de los bloques de salida, calculé que por entre los barrotes de la cerca de metal que forman los bloques de salida podría infiltrarme y ocupar el mejor lugar, según mis tiempos oficiales anteriores del chip, sin embargo, no lo hice, no tuve las agallas de hacerlo; bajé la mirada y continué mi camino rumbo al último bloque de salida.

Llegué, entré apenado y tímidamente tomé mi lugar, posando mis dos manos sobre el tubo de la cerca metálica, era el último de los corredores allí presentes y quería pasar desapercibido, era la primera vez que hacía algo así: correr sin playera, sin número y sin chip, ¿qué caso tendría hacerlo? Me sentía completamente diferente, un poco deprimido por la situación, intruso en aquella multitud de corredores, ¿valdrá la pena correrla? Y mientras mi mente jugaba conmigo, mi vista comenzó de forma automática a mirar hacia adelante en busca de un corredor que no portara las características oficiales, pero no podía ver a nadie, ni uno solo, volteé hacia atrás y absolutamente nadie más ingresaba al bloque de salida, entonces me olvidé de quién era yo y cuál era el objetivo, lo único que quería era encontrar una sola persona que no fuera oficialmente partícipe y hacerme su cómplice, pero todo era inútil. Mientras observaba a todos los competidores, flotando por sobre el vacío y empujado por el aire se escuchaba el Himno Nacional Mexicano, supongo que la banda hacía su mejor esfuerzo para interpretarlo, para que llegara hasta mis oídos, como había sucedido en las dos ediciones anteriores, sin embargo, me encontraba demasiado distante de ellos para escucharlos con claridad. El tiempo transcurría, mi manía de voltear siempre para todos lados me hizo hacerlo nuevamente, volteé hacia atrás y observé que ya no era el último corredor, y que a nadie le importaba que fuera un corredor recreativo, no oficial. Entre el barullo de aquella multitud tras de mí, que estimo unos setenta corredores, alguien me preguntó si había corrido la edición XXX mientras señalaba mi playera, le conteste que sí, mientras volteaba a mirar mi playera ¡Por supuesto! por un momento me había olvidado que portaba la playera dela edición XXX del Medio Maratón del Día del Padre, entonces, como si todo me diera vueltas y se reacomodaran mis pensamientos, va a ser una carrera de entrenamiento para la del Día del Padre. Mi mente recordó aquellas palabras, y si Irma estaba en la primera parte del bloque de salida con Raúl, Lupita y Pablo, tendría que correr mucho para alcanzarla y darle una explicación del porqué no había llegado a las seis treinta de la mañana a recoger el paquete del corredor como habíamos quedado. Nuevamente todo empezaba a tener sentido y recordé un diálogo. —Entonces el entrenamiento no es para el maratón —le pregunte, —¡no! —Respondió. —Quizá no rompas tu marca, pero vas a llegar bien. Mientras más pensaba todo se hacía más claro, volvía a ser un corredor callejero y ya no me importaba si me reconocían o no el tiempo, quería comprobar que el entrenamiento del 9 de mayo al 18 de junio había sido asimilado correctamente por mi cuerpo, ya no me importaba si recibiría alguna medalla y abastecimiento en el camino, sabía que Dios me proveería durante todo el camino como antes lo había hecho. Mis temores poco a poco se iban alejando y nuevamente recordé —va a ser un entrenamiento físico y mental. Efectivamente, aquel reto en la montaña me había preparado mentalmente, ahora me sentía fuerte y reconfortado, no voy a desistir sin haber iniciado a correr, total, mi única preocupación ahora es alcanzar a Irma y pedirle una disculpa, y lo voy a hacer.

Un sonido que supuse era el disparo de salida logró captar mi atención sacándome de mis pensamientos. El disparo se había dado y la cuenta regresiva había comenzado, seguramente los corredores Elite, junto con mis amigos de competencia ya estaban iniciando su gran reto, sin embargo, en mi lugar el movimiento aún no se percibía. —Voy a realizar un poco de calentamiento mientras avanzamos —me decía, poniéndome en acción. Inicié con repeticiones de cuello, hombros, brazos, manos, cadera, piernas y pies; posteriormente algunos movimientos estáticos y por fin, después de mucho tiempo, los corredores de mi bloque de salida comenzaron a avanzar lentamente, los observaba mientras permanecía en mi lugar para terminar de calentar. Ahora todo tiene sentido, qué importaba el número, el chip, la playera o la medalla, si es una carrera diferente y soy un corredor recreativo diferente. Seguí al pie de la letra las instrucciones de Irma: córtate las uñas de los pies hoy mismo; toma bebida isotónica diario; no comas carne a partir del miércoles; come cacahuates, nueces, etc. —Ahora tengo "fe y sé que todo va a salir bien", lo único que me falta es alcanzar a Irma y pedirle una disculpa sincera —pensaba.

Cuatro de la mañana, mi despertador y mi faringitis aguda hacían su función, o sea no dejarme dormir. Después de controlar mi tos y ensayar algunas palabras para observar si había mejorado mi garganta, me puse de pie y con gran pesadez fui derechito a lavarme la cara, una vez despejado me regresé y comenzó un nuevo reto: la playera, ¿cuál me toca el día de hoy? Mmm, ¡ya sé!, la del treinta aniversario del Día del Padre del año pasado. Me coloqué el shorts y masajeé un poco las calcetas, después de todo cuidarían mis pies por un par de horas; un par de curitas, los tenis y ya estaba listo para iniciar una nueva carrera, un reto diferente. Mientras Mili terminaba de alistarse, bajé a la cocina y tomé un poco de café y un pedazo de pan. No me sentía del todo bien, un poco de dolor en mi sacroilíaco, dolor en mi garganta, pero ante todo el optimismo y la emoción de participar en una de mis carreras favoritas, tomar los carriles centrales del Periférico y de ambos lados realmente era único; no siempre se puede tomar una parte del Periférico, estar en la presencia de una verdadera multitud de corredores y espectadores que gusta de hacer de lo mismo que yo, de corredores y espectadores inquietos que están allí por decisión y voluntad propia, de encontrarse con los amigos del correr, esto es lo que me motivaba y me mantenía lleno de energía.

Cinco de la mañana, unas caricias y unas cuantas palabras de afectoa mis fieles amigos Tika y Boby, "los guardianes de la casa" y listos, en camino, derechitos y sin desviarse rumbo al Trigésimo Primero Medio Maratón del Día del Padre, ¡qué padre! ¿o no? Lo cierto es que íbamos en tiempo y espacio, entroncamos al Periférico por la Avenida México–Tulyehualco, todo iba muy bien hasta que llegamos a Cuemanco, justamente donde está la pista de canotaje de los Juegos Olímpicos México 68; los carriles centrales del Periférico cerrados en ambos sentidos, obstruidos por un par de patrullas, pero se suponía que cerrarían a partir de las siete de la mañana, eso dijeron las autoridades, creo que se adelantaron porque son las seis de la mañana, ni modo, a esperar turno.

La fila de vehículos para llegar a Periférico y Viaducto Tlalpan era bastante larga, y sólo a vuelta de rueda, con mucha paciencia y con un poco de suerte podríamos llegar a tiempo. Por la lateral del Periférico los minutos pasaban y los vehículos también, sin embargo, había que tener un poco de paciencia. Por fin pasamos el puente Muyuguarda y más adelante se podía ver que los organizadores comenzaban a instalar las mesas para el abastecimiento de agua, bebida isotónica y plátanos. En algunos puentes peatonales mantas con frases motivadoras para los corredores, pero que también gustan a los espectadores y un letrero que decía "12 K". Mientras manejaba, en los momentos en los que nos manteníamos detenidos volvía a recordar carreras anteriores. "Me recordé y volví a los 17 años, cuando corrí mi primer medio maratón como un simple corredor callejero, no vestía unos súper tenis y mucho menos llevaba hidratación conmigo; mis compañeros de carrera eran tres de mis hermanos; un circuito cerrado de tres kilómetros marcado en cada kilómetro, sólo que en aquella ocasión terminé y minutos después, cuando regresábamos a casa, mi presión arterial se bajó, mi corazón comenzó a latir más fuerte de la emoción. ¡Qué caray! Justo cuando iba a volver en sí, el claxon de un vehículo me ha vuelto al aquí y al ahora en tiempo y espacio.

Al paso de los minutos los avances eran mínimos y después de un rato por fin pasamos un puente vehicular. Conforme el tiempo transcurría, algunos corredores decidieron bajar de sus autos y caminar, —pero falta mucho todavía, —dijo Mili. —Seguramente van a aprovechar para calentar... —replique, —¿siete kilómetros?, —contestó. —Pues, sí —agregué.

Más adelante todos los autos daban vuelta a mano derecha, ¿por qué? Enfrente de nosotros dos caminos, pero decidimos tomar la opción de la izquierda. Ignoro porqué si este camino estaba libre y despejado, todos tomaban el de la derecha; de repente me detuve y dudé —¿no será sentido contrario? La patrulla que estaba obstruyendo una de las entradas al Periférico, con su altavoz dijo —siga, otro auto atrás de nosotros se acercó a la patrulla y de repente aceleró para continuar con su camino, entonces dedujimos que había dicho que el paso estaba permitido, por lo que retomamos la lateral del Periférico, y pasamos el Viaducto Tlalpan hasta llegar a Perisur. Sin perder más tiempo ingresamos al estacionamiento del centro comercial y salimos a paso veloz de aquel lugar, para dirigirnos al guardarropa mientras pensaba —ojalá y sigan allí, para ofrecerles una disculpa.

Ya estamos en el guardarropa, son cinco minutos antes de las siete y no están. Una, dos, tres vueltas en el área y no están. —Disculpe señorita, ¿es el único guardarropa? — pregunté, —sí —contestó. —Bueno, muchas gracias. —Mili, voy a entrar al sanitario —dije; —bien, —replicó; —mientras voy a buscar en el área, a ver si los veo y nos reunimos aquí mismo.

En la lejanía se notaba el movimiento, corredores dirigiéndose a los bloques de salida, otros continuando en las cortas filas para entrar a los sanitarios y muy pocos calentando. Se acercaba la hora de la salida, quizá seis minutos, no sé, ya no recuerdo con exactitud; el tiempo transcurría rápidamente.

—Porqué no vas calentando —decía Mili, —bueno, dije. Quitándome el pants y la sudadera comencé a girar mi cadera, mientras mi garganta me obligaba a toser un poco y paré —sabes qué Mili, mejor vamos tomando lugares porque ya no ha de faltar mucho para el disparo de salida. Subimos por entre el pasto. Un fuerte abrazo y los mejores deseos me llevo de mi hermana.

Mientras caminábamos, acercándonos cada vez más al arco de salida, los miles de chips entonaban el himno del corredor, pero ahora con sonidos más claros y familiares. Por todo mi cuerpo empezó a circular la adrenalina, sentía cómo aumentaba mi temperatura y la emoción se iba apoderando poco a poco de mí, dándome cuenta que sería una carrera especial, una carrera diferente, no necesitaba de un chip y un número para sentir la emoción por la que me encontraba aquí, en este mismo instante, viviendo esta gran carrera.

Nuevamente, y después de muchos años volvía a correr sin un chip que me marcara el tiempo, sin un número de corredor, como en un principio. Volvía a sentirme como un singular corredor callejero, y mientras nos acercábamos más y más al arco de salida recordé aquellos tiempos, cuando cualquier calle, avenida o deportivo, se convertía en pista de atletismo y volví a recordar mi lugar favorito, donde corría cada fin de semana, un lugar que me ayudaba a pensar con claridad o tomar alguna decisión importante. Sí, en efecto, estoy hablando del Parque de los Olivos, de los Árboles Milenarios, ahora conocido como el "Parque Ecológico los Olivos", muy diferente al de hace más de 20 años.

Una carrera de mis favoritas, para mí sería el tercer medio maratón consecutivo y oficial del Día del Padre; para los organizadores sería un competidor no inscrito oficialmente, sabía que no tendría una medalla al finalizar, que no estaría en el mejor lugar dentro de los bloques de salida, sabía que quizá no tendría derecho al abastecimiento, pero lo que sí sabía era que ante los ojos de los organizadores y al no portar un número y un chip, no tendría derechos y ellos no tendrían obligaciones, sin embargo, todo se había dado tan rápido, que no me previne de traer un poco de abastecimiento conmigo.

Por fin la tan esperada carrera, como si al cruzar el arco de salida se borraran todos mis pensamientos y mis achaques; salí a trote lento, después de todo, debía organizar rápidamente mis pensamientos, mis movimientos y sentir el ritmo de carrera al que debería correr, si es que quería darle alcance a mis amigos del correr. Después de algunos cientos de metros ya me sentía listo, dispuesto a iniciar la gran carrera. —¡Órale, qué padre se ve! Mientras levantaba la vista para trazar el plan de escape, miré a los corredores delante de mí. Una columna inmensa de corredores se perdía con la distancia y con el tiempo, sin observarse hueco alguno, supongo que esta parte del Periférico era cuesta arriba. Por un momento, mientras corría, me quedé observando y disfrutando de este gran espectáculo de todos colores. Después de algunos segundos di por iniciado el plan de escape. Normalmente cuando corro, trato de abrirme al medio que me rodea, sensibilizando mis sentidos del oído, la vista y el "con–tacto", para saber actuar en caso de algún incidente con otro corredor distraído.

Mientras mi vista ubicaba un pequeño espacio vacío, mis pies iban tras él; mi cuerpo se movía a la misma velocidad que le mandaba la vista y llenaba ese espacio, todo perfectamente coordinado. Antes de cubrir otro espacio vacío, mi cabeza se encargaba de voltear y mis ojos de hacer un barrido, para ubicar las posiciones y velocidad aproximada de otros corredores cercanos. Cuando algún corredor quería rebasarme, mis oídos ubicaban al corredor por el sonido de su respiración y con visión periférica, interpretaba sus planes y me daba tiempo para cambiar de dirección y no entorpecer su plan de carrera, ni el mío. Conforme pasa la distancia, los huecos me obligaban a serpentear por entre los carriles: hasta la derecha, hasta la izquierda, por en medio, incluso me daba el lujo de tocar la malla ciclónica que separa ambas direcciones del Periférico. Cuando podía me mantenía sobre mi línea de acción de carrera, lo que en un principio no era muy fácil de hacer. Un puesto de abastecimiento me rebasa y lo dejo pasar —aún me siento bien, por lo que supongo que estoy en el kilómetro dos o tres, no sé. Más adelante, mientras sigo con el plan trazado y mi ritmo de carrera, observo un puesto de abastecimiento muy particular, no pertenece a los organizadores y las botellas con agua se encuentran distribuidas en todo el espacio que las sostiene, no son muchas —¿venderán las botellas con agua? Sin pensar, pero con precaución, cambio de carril y me dirijo al puesto de abastecimiento, mientras desacelero mucho. —¡Jefe! ¿Vendes las botellas con agua?, —pregunté, y sin poder ver el rostro del jefe, le alcanzo a escuchar con acompasada voz: —no, toma una, entonces tomo una botella con agua y me alejo de ahí, aún me escucho darle las gracias. Mientras redacto esta crónica me quedo pensando: —verdaderamente, hasta en los mínimos detalles Dios nos provee. Si al principio pensé que no tendría abastecimiento, ahora tengo el suficiente para finalizar la carrera. Si alguna vez mi cansado cuerpo no puede más correr, voy a poner un puesto de abastecimiento para que los corredores no inscritos oficialmente tengan qué beber, mientras hacen realidad su sueño.

Retomo mi ritmo de carrera y continúo con el constante rebasar. Repentinamente, mientras estoy en la búsqueda de un hueco por dónde pasar, los corredores en el bloque en que me encuentro se orillan a la derecha y ala izquierda simultáneamente, para tomar bebida hidratante, despejando por completo el carril central y dejándolo para mí solito.

¡Qué sensación tan inexplicable observar cómo sucede este acontecimiento!

En verdad que, de todas las carreras que he corrido, nunca había observado esto, es como el efecto dominó: cuando se apilan las fichas y se empuja una, comienzan a caer una tras otra, pues lo mismo estoy observando.

Se orillan los corredores que encabezan el bloque y la mayoría son arrastrados por la misma necesidad, dejando completamente libre el espacio central, por lo que esto me reconforta y avanzo un buen espacio, mientras alcanzo a otro bloque de corredores.

Ahora, esto se ha vuelto un juego. Mientras un pequeño grupo de corredores rebasa por diferentes espacios a otro grupo de corredores que se mantienen a más bajo ritmo, observo cómo simultáneamente rebaso a los unos y a los otros, siempre a mi ritmo de carrera, sin querer impresionar a nadie. Sigo corriendo y mi ritmo se interrumpe, por lo que creo que es una cuesta arriba, lo alcanzo a percibir en mi ritmo y en mi zancada. ¡Me siento excelente! Y cada vez que me aproximo a un puesto de abastecimiento, destapo mi botella con agua y le doy unos tragos, mientras corro por la parte central, porque ya sé que estará despejada. Ahora más que nunca me he dado cuenta que en todo el recorrido no deja de haber espectadores ofreciéndonos sus mejores frase, dulces y agua en bolsitas, incluso a una señora le he escuchado decir —vamos, que nadie dijo que sería fácil. Mientras un grupo de espectadores grita —danos tu mejor esfuerzo papá; otro espectador ha salido de la fila gritando —éste es el ejemplo, y algunas otras frases de aliciente que ya no recuerdo. Algunos espectadores se atraviesan las laterales del Periférico para unirse al festejo y otros, curiosos, se acercan para observar de cerca. Un espectador ubicado en un puente vehicular que cruza el Periférico grita una frase de apoyo que no recuerdo con exactitud, pero fue tan dirigida que me hizo levantar los brazos. Cada vez que el helicóptero sobrevuela cercano a nosotros, se escucha el barullo de los corredores y algunos hasta levantamos los brazos. —¡Cuidado señores!, que los carriles laterales están abiertos al tráfico vehicular —escucho decir a un policía, mientras éste hace algunas señales para detener a los automovilistas, mientras los espectadores atraviesan la calle.

Sigo en mi ritmo de carrera y veo que del lado derecho hay unos sanitarios portátiles y algunos corredores haciendo fila, —creo que han tomado mucho abastecimiento —me digo. Mientras sigo con este juego del constante rebasar, me doy cuenta que estoy próximo a pasar por Viaducto Tlalpan y aprovecho la poca visión del túnel para hacer algunas locuras —uf —grito, para después chiflar una y otra vez; creo que no he sido el único, je, je, je, incluso un corredor ha hecho un sonido gutural muy raro (debido a que mi garganta aún estaba muy inflamada), que causó mucha risa a algunos corredores, sin embargo, conforme vamos saliendo del puente vehicular, volvemos a retomar nuestra postura de seriedad, mientras que los que van ingresando al túnel arman una nueva fiesta, una fiesta de sonidos completamente diferentes a un claxon o el rugido de un motor, sonidos únicos, sonidos más agradables a los oídos del ser humano. Corremos por una cuesta arriba que va haciendo un poco de curva; en la parte más alta, un pequeño globo aerostático con la propaganda de una compañía telefónica nos da la bienvenida. —Esta parte del Periférico ya la conozco, ya estamos cerca del regreso —pienso, —esto significa que estamos como en el kilómetro ocho y todavía no alcanzo a Irma —me digo.

¡Mariachi...! No, ¡claro que no!, no me refiero a ustedes amigos lectores, lo que pasa es que en algunas partes del trayecto había mariachis, quienes deleitaban a los espectadores cercanos con canciones nuestras, canciones ciento por ciento mexicanas. Cómo recuerdo que cada vez que pasaba cerca del mariachi, al escucharlo tocar y cantar me daba ganas de quedarme, pero no era posible, porque éste no era el objetivo y ni modo, tendré que escuchar al Mariachi Vargas en disco compacto.

Mientras sigo corriendo a mi ritmo, observo a lo lejos el puente Muyuguarda, el puente del regreso. Cada vez me acerco más y más, nos sacan de los carriles centrales del Periférico para desviarnos por la lateral y metros después iniciar con el ascenso del puente, la prueba de los campeones, "puente cruel, que sólo dejas subir corriendo a los que se han entrenado y saben que con el ritmo y no la velocidad es como se te vence; que el paso corto, pero más rápido y constante es la mejor arma para salir victoriosos". Poco a poco algunos van desistiendo y comienzan a caminar, —¿ya se cansaron? —Preguntan —¡no...! —gritamos los que con valor y entusiasmo corremos para llegar a la cima y disfrutar de un merecido descenso. Subo el puente y busco espacios por dónde pasar; levanto la vista y observo a lo lejos para darme cuenta que en verdad son miles los corredores que uno a uno he ido rebasando. ¡Qué grata y agradable ha sida mi paga, realmente me siento satisfecho! Al observar la fila de la gran multitud de corredores que viene subiendo el puente, y los que aún no lo hacen, un fuerte sentimiento se apodera de mí. En mi cara se dibuja una sonrisa, evitando que una lágrima salga de mis ojos y sin pensar bajo la vista para pasar desapercibido y grabar esta imagen en un rincón de mi corazón, donde guardo los momentos más emocionantes y significativos de mi vida.

Ahora estoy de regreso, y a pesar de que el sol tiene rato que observa la carrera, no lo he sentido como en otras ocasiones, por lo que creo que se ha puesto de nuestro lado, aunque no soy partícipe de la toma de los abastecimientos, creo que han sido suficientes y han cumplido su misión. Uno tras otro los he visto rebasarme, al igual que los espectadores, siempre con sus finas, agradables y alicientes frases. ¡Bravo por ellos, que Dios los bendiga siempre y si de algo sirve nuestro entusiasmo y esfuerzo, de nuestro cansado correr de los miles de corredores aquí presentes, sea pues, para dejar una pequeña huella en sus corazones y en este pasar del tiempo y de la historia!.

Qué curioso, mientras una señora grita —¡vamos mujeres, sí se puede!, otra señora, a escasos treinta metros de la primera y sentada cómodamente por sobre el pavimento, afirma —¡vamos papás, sí se puede!, mientras que su hijo pequeño le hace la segunda. No sé en qué kilómetro me encuentro, pero estimo que vamos cuesta arriba, ya que mi ritmo ha disminuido, sintiendo la dificultad del camino y en efecto, estamos subiendo un puente y paso junto al globo aerostático. Los metros siguen pasando y los kilómetros también.

Niños regalando dulces como si fueran mayores; mayores que como si fueran niños toman gustosamente los dulces de las manos de los mayores y se los meten presurosamente a la boca; mayores regalando agua y menores bebiendo el líquido que no tiene precio. En intercambios de roles he notado que no me han dado calambres como en otras ocasiones. Inesperadamente un grupo de tres jóvenes, dos mujeres y un varón, se incorporan al lado de un padre de familia, quien sonríe gustosamente al saber que su familia lo acompañara hasta el final, —espera Luis, como quedamos —decía, la que supongo es la mamá y mientras observo la agradable escena y comienzo a rebasarlos, mi mirada periférica identifica a mi hermana Mili, quien se encuentra cerca del que supongo es el kilómetro diecisiete, animando a todos los que al correr dejan su huella en esta carrera y en este espacio. —Fiu... —he chiflado, con la entonación adecuada para que reconozca el chiflido y voltee a mirarme, ya que de mi garganta sólo salen palabras con muy poca fuerza. Me ha reconocido y se ha incorporado junto a mí, para unirse a esta gran fiesta, a esta gran carrera, y mientras corremos juntos, no puedo describir la emoción tan grande que siento, y le doy las gracias a Dios por brindarme estos grandes momentos. —Mili, no has visto a Irma —le pregunto, —no responde. —Bueno, ¿cómo vas? —cuestiona, —bien, gracias, —replico. Mientras estamos en nuestra pequeña conversación, rebasamos a un corredor categoría Máster, —¡qué chingados hago aquí! —se pregunta, seguramente cuando llegue al arco de llegada y levante las manos en señal de triunfo, dará respuesta a su pregunta.

Después de correr un rato junto a mí le digo a mi hermana —nos vemos en la meta, ¡no, antes!, porque quizá me saquen, —ah sí, bueno, —responde, mientras el eco de su voz se dispersa con la distancia y los momentos permanecen en mi corazón. Estoy pasando el kilómetro diecinueve y buscando un espacio por el cual infiltrarme, y conforme me voy acercando a un bloque de corredores escucho —¡no mi hijita!, mientras la joven mujer baja su ritmo de carrera para tomar de la mano a la hija, y jalarla para correr juntas con el padre. —Te odio, te odio, te voy a odiar por el resto de mi vida —dice la hija, mientras observo la penosa escena. —¡Vamos Mao (creo que ése es su nombre porque así lo dice su playera), tú puedes, te falta poco, ya eres una campeona! Mi pensamiento se ha hecho palabra y mientras Mao voltea para mirarme, aumenta su ritmo de carrera, permaneciendo en silencio; en tanto los rebaso, el padre voltea discretamente para mirarme.

Finalmente, en la cercanía se puede apreciar un cartel que dice "21 K", aunque el arco de llegada está poco más adelante, aguanto mi impulso por subir mis brazos, tengo la esperanza de que no me saquen y me dejen cruzar el arco de llegada... ¡que no me saquen por favor, que no me saquen!, sin embargo, a escasos doce metros de mí, dos organizadores están sacando a los corredores que no portan las características oficiales, uno de ellos voltea y me observa —corredores sin número del lado izquierdo, por favor —dice, mientras me digo —¡que no me saquen, que no me saquen!, y mientras estoy en mis pensamientos observando su proceder, ambos organizadores se miran, miran mi playera y se voltean permitiéndome el paso, sin detener mi ritmo de carrera, con gran fuerza y gozo levanto mis brazos en señal de victoria, ¡lo logré!, ¡terminé! Mientras mi garganta me dice lo contrario, una lágrima de esperanza insiste en salir; atravieso el tapete de llegada e imagino que mi chip se encarga de dar el gran toque final. Dando por terminada esta gran carrera, la edición Trigésimo Primera del Medio Maratón del Día del Padre, quiero pensar que en alguna fotografía de finalista he dejado mi huella, sin embargo, nunca pude alcanzar a Irma y a mis amigos corredores.

"La vida es un gran reto y depende de ti si la aceptas como viene o la rechazas"

III Medio Maratón Emoción Deportiva
(02:13:01)

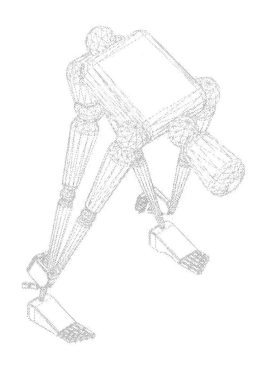

(07 de agosto de 2011)

"Los corredores están saliendo de la última curva, mientras acelera al máximo, sus ojos visualizan el arco de llegada, el aire golpea su cara con más fuerza, su cabeza tiende a ir hacia atrás y los músculos se tensan transformando su cara. En su zancada larga y su pisada firme se nota la fuerza que se imprime sobre el asfalto, está cruzando el arco de llegada, levantando sus brazos en señal de triunfo, mientras el sonido de su chip y el latido de su corazón registran su mejor esfuerzo. Señores, qué carrera, imponiendo una nueva marca en los diez mil metros. Qué sorpresa señores, se puede ver que el entrenamiento ha funcionado, el cronómetro se ha detenido en un tiempo de 46 minutos y 52 segundos, bravo por eso. Los espectadores se han puesto de pie y una gran ovación se escucha desde las tribunas y en todo el lugar, qué carrera señores, algo nunca antes visto…". Después de todo, el soñar no cuesta nada, Circuito Arboledas 10 K, sí rompí mi marca personal.

Viernes 22 de julio. He tenido un leve enrojecimiento de mi ojo izquierdo, es raro, pareciera que está irritado pero no es así, no me da comezón y no tengo lagañas, creo que es la famosa uveítis, no he tenido dolor y ningún otro síntoma. Para el lunes por la noche el dolor se ha hecho más intenso, por lo que sin pensar busco un oftalmólogo y después de un par de llamadas consigo una cita para el 28 de julio, una semana después, uf, tendré que aceptarlo. Así pasaron los días y por fin llegó el de la consulta; para ése entonces la visión en mi ojo izquierdo era de un 10%, sólo veía bultos, nada se definía. Después de una auscultación minuciosa de mi ojo izquierdo, el médico me informó —pues bien, tiene usted un caso de uveítis aguda, póngase el siguiente medicamento. Una gota cada 4 horas de TP sólo en el ojo izquierdo; una gota cada 4 horas de prednefrin sólo en el ojo izquierdo y una gota de refreshtears cada 4 horas en ambos ojos; comuníquese de inmediato con su reumatólogo, póngalo al tanto de la situación y nos vemos en una semana. Jueves 4 de agosto, aquí estoy de vuelta en el consultorio del oftalmólogo esperando turno. —Por favor señor Alberto, pase por aquí. El médico me ha indicado que le haga un examen de la vista —me dice la enfermera, mientras caminamos al consultorio. ¿Qué letra es ésta? —pregunta, ¿Eh? —reacciono, ¿que qué letra es ésta? —me vuelve a preguntar. ¡Ah...! —replico. No es ¡A! —me dice, ¡Eh...! —pregunto; Sí, es ¡E! —me dice, —quiero decir que está bien —replico, ¡Ah...!; ja, ja, ja —reacciona, y mientras nos reíamos por la pequeña confusión entre la E y la A, termino el examen de la vista. Concluyo que debió ser un examen de comprensión de lectura y no de la vista. Posteriormente, el oftalmólogo revisó minuciosamente mi ojo izquierdo, preguntándome —¿ha mejorado su vista?, —un poco, aún veo borroso, sin poder definir bien los objetos —le digo. —Bueno, se va poner una gota de TP cada 8 horas, sólo en el ojo izquierdo, una gota de prednefrin cada hora por una semana y después cada dos horas, hasta su nueva cita sólo en el ojo izquierdo, y una gota de refreshtears cada cuatro horas en ambos ojos, y suspenda toda actividad física, ¡no podrá correr este fin de semana!

Ahora y estando en casa, me pregunto: —no sé qué me duele más, el ojo, o no poder correr el Tercer Medio Maratón de Emoción Deportiva, mientras una lágrima rueda por mi mejilla y sin poder verme quieto me digo —mañana será otro día, primero Dios...

Aquí estamos, cerrando las puertas del vehículo y con ropa para la ocasión, —no puedo permanecer quieto, voy a correr el medio, aunque sea a paso de maratón, no me lo voy a perder, no me importa si hago dos o tres horas, no ahora, no después de tanta complicación —le digo a mi hermana, mientras nos dirigimos al monumento a Tláloc. Conforme nos vamos acercando al guardarropa para recoger el paquete del corredor, un sentimiento de emoción que no puedo describir, lentamente se va apoderando de mí, sin embargo, entre sonriendo y dejando volar mi imaginación lo puedo visualizar.

Los painanis han pintado de color rojo y verde su cuerpo desnudo, y vestidos elegantemente con taparrabos y huaraches, esperan con ansia la puesta de un nuevo sol. Han pasado ya dos soles de 365 días de duración cada uno. En la fresca penumbra del amanecer y entre los colores de tonalidades negro, azul y rojo, la silueta de un painani se puede divisar, que desde lo más alto de una montaña y sosteniendo entre sus manos un caracol, sopla fuertemente al interior del mismo, generando un melodioso sonido acústico y delicioso, que se extiende a todo lo largo y ancho del valle de Tenochtitlán, comunicando el nacimiento de un nuevo día, de un nuevo sol, y con ello, un reto diferente y único, agradeciendo a Dios con este cántico por darnos una oportunidad más.

Dentro de los bloques de salida y fuera de ellos, se les puede ver esta mañana: más de tres mil inquietos y aguerridos painanis, que ahora se hacen llamar corredores recreativos. Todos sin excepción portan en su playera y colocado de manera personalizada el número oficial que los hace únicos y diferentes. Han cambiado sus taparrabos y huaraches por pants, shorts, licras y tenis, todos de diferentes colores y diferentes tipos. Qué elegantes lucen los painanis o corredores recreativos modernos, y cuánto más los espectadores.

Mientras el monolito a Tláloc permanece observando como siempre el pasar del tiempo, los painanis se preparan, algunos corren a trote ligero, otros calientan con ejercicios de repetición y los más con series de movimientos estáticos. Con el paso de los minutos, el animador ha dejado el caracol a un lado y ha preferido tomar entre sus manos un dispositivo electrónico, dando la bienvenida a todos, mientras una música ochentera se escucha como fondo musical. Son las seis y diez de la mañana y aún permanece fresca y oscura; un aire frío se puede sentir rodeando nuestros cálidos cuerpos. Conforme pasan los minutos siguen llegando corredores y espectadores, se entremezclan los colores, los olores y los sabores, la adrenalina está a punto. El llamado será a las siete de la mañana donde se han dado encuentro nuevamente corredores y espectadores; qué forma diferente de querer ver y disfrutar de la vida, han preferido abandonar su refugio cálido por uno más frío, han decidido dejar de dormir para ver un nuevo amanecer, han preferido correr que permanecer quietos.

En los guardarropas móviles hemos encontrado a Irma, quien nos ha hecho entrega del paquete del corredor y mientras nos dirigimos a la zona de sanitarios empiezo a calentar, para posteriormente salir de ellos y empezar la hermosa transformación. Cambio mi playera de la edición II por la III. Colocando perfectamente y de manera personalizada mi número oficial, observo que el chip ya está integrado en la parte posterior del número; ajusto mis tenis y doblo mis calcetas, pongo un poco de crema mágica en mis piernas y comienzo el ritual del calentamiento: cabeza, hombros, tórax, cinturón pélvico, piernas y pies, y me digo —el trote lo voy a hacer cuando inicie este gran reto y será a paso de maratón (al trote más lento que puedo hacer yo le llamo paso de maratón, por muchas razones).

Con el pasar de los segundos, la fresca mañana se ha hecho más cálida y clara, y se puede observar mejor el movimiento;

ahora, la mayoría de los corredores ya han tomado su lugar dentro de los bloques de salida. —¿Qué color de brazalete tienes? —pregunta mi hermana, mientras con su mirada localiza los globos correspondientes con el brazalete, —blanco, creo que es de los de adelante —respondo, —sí, —confirma, —bueno, de todos modos me voy a ir al final —le digo y agrego —ya que mi plan es irme a paso de maratón y no quiero entorpecer el plan de carrera de otros corredores, ni lesionarme yo. De repente, el Himno Nacional Mexicano empieza a sonar, mientras corredores y espectadores lo entonan al unísono y con mucho respeto. —Diez, nueve, ocho —se escucha, ha comenzado la cuenta regresiva, —siete, seis, cinco, cuatro, tres, dos, uno y el disparo de salida; mientras, por el firmamento se puede observar una lluvia de papelitos de todos los colores. Los corredores atraviesan el tapete de salida, los cientos de chips se activan dejando impreso en el tiempo y en la historia una marca más, la marca de los campeones. Mientras termino de calentar observo fuera de los bloques de salida la cara de los corredores y los espectadores, —creo que ya ha comenzado un cambio —me digo, y me detengo para pensar —ciertamente, ¿qué es lo que los hace estar aquí cada fin de semana, corriendo y compitiendo con ellos mismos? No creo que sea una medalla lo que los hace estar en este espacio y tiempo, no, hay algo más que ni yo mismo sé qué es. De repente, vuelvo de mi pensamiento, notando que la fila de los corredores está llegando a su fin —nos vemos al rato Mili... —digo, y mientras corro para meterme dentro de los bloques de salida e iniciar mi propia historia, un pensamiento me hace preguntar —¿disculpe joven, en dónde se encuentra ubicado el arco de llegada?, —en la segunda sección del Bosque de Chapultepec, en el Museo de Historia Natural, le alcanzo a escuchar al organizador desvaneciéndose su grito con la distancia. Un hermoso sonido de caracol electrónico se ha activado, dando por iniciada mi propia historia, la historia de un corredor singular, no muy diferente a los demás.

Mientras corro por la Avenida Paseo de la Reforma localizo a Mili, dándole la ubicación del arco de llegada, para posteriormente continuar con mi carrera. Continúo a paso de maratón por dicha avenida, permito que impacte el aire frío en mi cálido cuerpo; cierro mis ojos mientras corro y disfruto del aire que suavemente acaricia mi cara, entreabro y cierro mis ojos mientras me dejo llevar por el murmullo de las respiraciones y el golpe de los tenis que me rodean; abro mis ojos y estoy frente a la Fuente de la Diana Cazadora. Tomo el regreso también sobre Paseo de la Reforma, observo los enormes edificios, la Torre Mayor y más alta de la Ciudad de México, el monumento a Tláloc, una a una de las fotografías que cuelgan en el exterior de la reja del Bosque de Chapultepec. Por mi lado izquierdo observo que han empezado a levantar los bloques y el arco de salida que hace algunos minutos vieran a más de tres mil corredores salir. Sigo a paso de maratón, me siento excelente y creo que mi ojo izquierdo también, en la cercanía y a mi lado izquierdo observo venir el Auditorio Nacional y lo dejo pasar de largo. Tengo que disminuir el paso de maratón, ya que sin darme cuenta he rebasado a algunos cientos de corredores y mientras dejo que me rebasen algunos, jugueteo con mi correr. A la altura de Julio Verne se encuentra el retorno para regresar por Paseo de la Reforma, vaya que si es un paseo, y mientras rebaso nuevamente al Auditorio Nacional, me digo —¡ya te alcance, eh!, no que no, ja, ja, ja, y lo dejo atrás. Tomo a la derecha para incorporarme sobre Calzada Chivatito, esta calle es demasiado estrecha para la cantidad de corredores que aquí venimos, por lo que tenemos que apretarnos un poco más, ya saben, darnos un poco de calor humano. Posteriormente ingresamos al Bosque de Chapultepec para correr aproximadamente tres kilómetros. Esta parte del bosque es muy difícil, ya que el adoquín es firme y compacto y la fuerza que imprimen nuestros pies con el adoquín se siente más fuerte, por eso, qué bueno que no siempre corremos sobre este tipo de suelo, sino, pobres de nuestros pies, rodillas y cintura, creo que lo mejor es la tierrita, je, je, je.

Ahora que he corrido más relajado, he puesto más atención al recorrido. Árboles altos y milenarios que han visto la transformación de nuestra hermosa Ciudad de México, la Capital de nuestro país con el pasar de los años; cuántos susurros no habrán escuchado de amores pasajeros, muchas historias tendrán en su haber.

La mañana sigue fresca y aquí, en el Bosque de Chapultepec, todo es tranquilidad. Observo algunos policías y marchantes que nos miran detenidamente y pienso —¿qué pensarán de nosotros?, sin embargo, es una pregunta que no podré responderme. Hasta ahora la hidratación ha sido excelente, aunque somos de los últimos no ha faltado. Estoy casi por salir del Bosque de Chapultepec y me siento bien, mi ojo no ha dado señales de malestar. —Hola Mili, pensé que ya te habías ido a la meta —dije, —no, aquí ando echándole porras a los corredores —replicó, mientras se adelanta un par de metros para tomar algunas fotografías y posteriormente correr conmigo un par de cientos de metros, —vamos, tú puedes Albert, —me dice, y mientras me alejo me escucho darle las gracias y dejar otra marca más en mi corazón. De repente me doy cuenta que debido a la emoción, mi paso de maratón se ha convertido en paso veloz y nuevamente meto el freno para retomar mi paso de maratón y continuar por la avenida Alencastre. Ahora estamos atravesando Periférico y mientras lo observo de norte a sur, me percato que he vuelto a acelerar mi paso y nuevamente lo disminuyo, para retomar el paso de maratón. Hace rato he notado que vamos cuesta arriba y no hay espectadores, sin embargo, no me siento cansado.

La temperatura de la mañana ha aumentado, el sol ahora empieza a regalarnos algunos rayos de luz que se combinan con espacios de fresca sombra, armonizando la carrera de los painanis en esta larga y ancha avenida de Aguiar y Seixas. Más adelante, en la Glorieta de los Virreyes —pulque..., —grita un hombre alto y fornido, mientras ofrece a todos los corredores agua en bolsitas, —deme una Michelada —le digo, mientras voy acortando la distancia entre ambos, —no tengo buen amigo, sólo tengo pulque —me dice, —bueno, deme uno, tomo de sus manos una bolsa con agua, y en lo que me alejo de aquel espectador activo, le oigo gritar —micheladas, cheladas —ja, ja, ja, ja, "le cambiamos la mira al charro". Los últimos espectadores que he visto se han quedado en el puesto de abastecimiento de los pulques, micheladas y cheladas. En esta parte del bulevar de los Virreyes no he visto espectadores, aunque yo no voy cansado y mucho menos maltratado por el paso de los kilómetros, me he acostumbrado a las frases de apoyo de los espectadores. No sé en qué kilómetro me encuentro, pero estoy por entroncar con la avenida Montes Apalaches.

Mientras los kilómetros siguen pasando y el sol calentando la superficie de la tierra, observo a un painani que ha llamado mi atención desde hace un rato, se trata de una aguerrida corredora que se le nota dando su mejor esfuerzo en este cansado trote del correr, con su postura completamente encorvada y su mirada fija en el suelo, su respiración forzada y entrecortada, tratando en cada zancada de acercarse un poco más a su meta. Acelero mi paso para permanecer justo a su lado por un momento, mientras con voz suave, para introducirme en su pensamiento le digo —amiga, tu mirada al frente y tu espalda en posición anatómica normal, para que tu caja torácica trabaje libremente y tenga movimiento anatómico natural, de esta forma tu respiración (inspiración y espiración) no se forzará, y relájate, para que sea más placentero tu correr y lo disfrutes más; mientras continúo con mi diálogo, la observo levantar su cara y retomar su postura anatómica de corredora —sí, muchas gracias amigo corredor, la escucho decir con voz sincera, mientras me alejo a mi paso de maratón, para no entorpecer su ritmo de carrera. Hemos pasado ya Dr. Joaquín Clausell y José María Velazco, en la tercera sección del Bosque de Chapultepec. Mi trote de maratón sigue excelente, mi ojo izquierdo continúa disfrutando de estos paisajes siempre verdes que se pintan en ésta, la tercera sección del Bosque. Los puestos de abastecimiento siguen haciendo su función, a estas alturas ya hay espectadores que nos regalan frases de aliciente para no desfallecer el resto del camino. Ahora he escuchado decir a dos corredores que platican entre ellos, que corremos sobre Zaragoza y estamos por entroncar con C. 10, para correr después por la avenida Toluca. —Ya se cansaron —preguntan, —no, —gritamos algunos cuantos, mientras la mayoría permanece en sus pensamientos. Pasamos por la fuente de los Físicos y observo a la distancia a los corredores que ya vienen de regreso.

Mientras continuamos rodeando el Lago Mayor en la segunda sección del Bosque de Chapultepec y mientras regresamos para correr junto a la pista de corredores El Sope, observo a otros painanis que trotan en la pista entrenándose quizá, para su reto muy particular. Conforme me voy acercando diviso a lo lejos otra isla, en la que emanan chorros de agua refrescando a algunas ninfas que calladamente nos observan, que a diferencia de otras islas, está rodeada de asfalto, seguida de verdes árboles milenarios, y es justamente la Fuente de las Ninfas, la que nos marca la cercanía con el arco de llegada en el Museo de Historia Natural, en la segunda sección del Bosque de Chapultepec —vamos Albert, ya falta poco —me dicen, nuevamente mi corazón se exalta y mi respiración se agita al saber que Mili nos apoya con sus alicientes frases y me digo —ésta es la voz de los que ya ganaron, de los campeones.

Sin poder evitarlo y mientras levanto mis brazos, mi trote a paso de maratón se va transformando en un paso veloz, con zancada larga; atravieso el arco de llegada, mientras el chip se encarga de dar el cántico final, dando por terminada esta gran carrera del Medio Maratón de Emoción Deportiva en su tercera edición.

"Ahora en calma total puedo reafirmar, no cabe duda, el ser humano y el universo son creación de Dios"

II Carrera 10 K Televisa Deportes, Ixtapa (00:48:38)

(13 de agosto de 2011)

M ientras observo desde mi balcón, miro mi celular y el reloj indica las cinco treinta de la mañana, todo en absoluta calma, la madrugada en completa oscuridad y silencio, el aire sereno se desplaza por entre los enormes y altos hoteles, para llegar al balcón en mi habitación en el séptimo piso y envolver cual fresca brisa mi cálido cuerpo. Parado y posando mis manos en la barandilla, observo por mi lado izquierdo el bulevar que permanece a medio iluminar por las lámparas de neón entre sus huecos oscuros, repitiéndose hasta perderse con la distancia; miro a mi lado derecho, la penumbra y la quietud reinan por todo el lugar. Infiltrándome por entre los huecos que llenan el espacio vacío, se puede divisar a lo lejos una lucecita que se arrulla con el susurro de las olas, perdiéndose en la oscura profundidad del mar. Alentado por esta tranquilidad infinita, me regreso al interior de mi habitación y con gran silencio para no despertar a quienes disfrutan de un plácido sueño; cierro el ventanal para tomar una ducha de agua fresca y deliciosa, e iniciar un nuevo reto.

Mientras coloco mi chip en mi tenis izquierdo y permaneciendo en cuclillas, observo a través del ventanal que la oscura madrugada se ha hecho más translúcida. Corro el ventanal y camino con paso lento hacia la barandilla, mientras froto mi mano derecha sobre mi brazo izquierdo. Ahora puedo ver corredores inquietos sobre la avenida, algunos corren para calentar, otros más trotan a paso lento, mientras que los demás caminan, supongo que van rumbo a los bloques de salida. Un aire fresco y húmedo vuelve a rozar mi cálida cara, mientras, dentro de la habitación, mi hermana Mili hace los últimos ajustes a su vestuario. Salimos de la habitación y conforme caminamos hacia el elevador el movimiento se puede ver, presurosos y de diferentes habitaciones salen uno a uno, uno tras otro, todos corredores, todos espectadores, y es aquí, y sólo así, que nos identificamos como corredores, como espectadores, como seres humanos y nos damos un "buen día y mucha suerte en tu correr". Descendemos del elevador y el hotel se pinta por completo de color de corredores; absolutamente todo el ambiente huele a corredores y espectadores, todos haciendo una fiesta de emoción, de expectación. Salimos del hotel y sorpresa, un amanecer fresco, oscuro y con llovizna nos aguarda.

Corremos por Paseo de los Viveros; mi playera se ciñe a mi cuerpo por enésima vez, mientras corro bajo la lluvia, en esta ocasión acompañado de Irma, Felipe y en mi corazón el cálido abrazo de mi hermana Mili, quienes permanecen en silencio, quizá repasando sus objetivos, la ruta, los abastecimientos, su plan o ritmo de carrera, o un espacio de nostalgia consigo mismos, no lo sé, lo cierto es que calladamente compartimos el espacio y el momento. Pensar que hace un año nos vimos en esta carrera, nos topamos de frente, estuvimos a escasos par de metros y sin embargo, no cruzamos palabra alguna, porque éramos simples corredores recreativos desconocidos, compartiendo un mismo evento. Ahora y sin planearlo, las carreras han hecho lo que las palabras no han podido. Ella nuestra amiga, entrenadora, corredora y agente de viajes y Felipe, un gran corredor y amigo. Sin duda alguna, muy adelante se encuentran Salvador, Pablo, Lupita, Raúl, Richi, Rubén y un corredor y amigo, que hace con esta carrera el cierre de sus "300 carreras", sí, así es, me refiero a Charly y en espera, Rebeca y Violeta, quienes decidieron correr los cinco kilómetros y que seguramente ansían el disparo de salida y comenzar con éste, su propio reto. En algún lugar de la gran columna de corredores se encontrarán también muchos amigos que vienen en la misma unidad y que sus nombres ahora escapan de mi mente.

Y mientras seguimos corriendo por Paseo de los Pelícanos, su amplia calle y su ancho camellón siempre verde, traen a mi mente las carreras de Puerto Vallarta y Cancún. Qué agradable es el panorama, correr a nivel del mar y en estas calles, limpias, húmedas, seguras y tan llenas del verde. Pienso —ayer en dirección al hotel y entre que si trepaban Mili y Felipe una palmera y el esperar a que asignaran habitaciones, optamos por la muy acertada invitación de Raúl de caminar por la muy hermosa y agradable ciclopista que cruza a todo lo largo del parque ecológico, para terminar en playa Linda. La ciclopista de asfalto y sus laderas siempre verdes, una gran variedad de árboles y plantas, qué agradable sensación de bienestar se siente, cuando abrazado de un árbol te sintonizas para ser parte de la naturaleza. Hay un tipo de árbol en particular que ha llamado nuestra atención a los seis turistas que estamos de paso por este lugar y en esta cálida tarde, un árbol que unido a una palmera por todo su tronco forman uno sólo, qué bien se siente estar aquí y cuánto más contemplar la natural naturaleza, donde no creo que el hombre haya metido aún la mano. Los principales animales que se pueden observar en este parque ecológico son: conejo, mapache, ardilla, venado, armadillo, tejón, tlacuache y ratón de campo; aves como garza, loro, perico, colibrí, tórtola, paloma, zanate y calandria; reptiles como cocodrilo, iguana, víbora de cascabel, limacoa, tortuga pinta; anfibios como el sapo y la rana, sin embargo, mi amigo lector se preguntará: ¿qué tiene eso de particular? Pues bien, déjeme decirle que en cualquier zoológico donde los animales se encuentran cautivos los podrá encontrar, sin ir tan lejos y tiene toda la razón; no obstante, encontrarlos en su hábitat natural, conviviendo con la naturaleza y con el ser humano, difícilmente. Sin embargo, les hago una muy cordial invitación a que conozcan este parque ecológico y disfruten de las cosas buenas que nos ha dado Dios. Entre fotos, plantas, curvas, risas y animales, llegamos a playa Linda. De verdad que después de hacer el recorrido por la ciclopista y admirar esos siempre verdes paisajes, me daban unas ganas enormes de correr y zambullirme en el infinito mar; su acompasado oleaje y su playa decorada con piedras grandes y al horizonte las grandes, esbeltas y siempre verdes palmeras en su armonioso vaivén, me invitaban a no sólo refrescar mi cuerpo, sino también mi alma. Espero ansiosamente que llegue el próximo evento para regresar y decir sí a esta grata invitación.

Después del paseo por playa Linda con Raúl, Lupita, Pablo y Rebeca, regresamos mi hermana y yo al hotel Fontan Ixtapa para comer. En una mesa del gran restaurante se encontraban Salvador, Irma, Felipe y Charly, quienes con señas nos invitaron a integrarnos a su mesa y compartir el resto de la tarde. Durante la plática, Charly comentó que Rubén le había regalado una tasa con el logotipo de las Chivas. También dijo que su habitación tenía una excelente vista y nos invitó a subir para comprobarlo. Mientras mirábamos el verde paisaje desde el balcón, se regresó al interior de su habitación y sacó de entre sus cosas dos playeras y un par de bolsas verdes, alusivas a sus 300 carreras y nos las obsequió. —Ha de ser muy grato llegar a 300 carreras y ser joven aún, responsable, sonreír y disfrutar de la vida, seguro está muy orgulloso —pienso; eso me agrada, —felicidades Charly y muy bien por esas 300 carreras —le digo, —que Dios te siga bendiciendo.

Ahora corro por Paseo de las Garzas, me he separado de mis amigos corredores; mi ritmo de carrera me lo ha pedido así y no se lo puedo negar, sé que tengo que correr al 90%, como me lo indica mi plan de entrenamiento. La lluvia ha cesado, sin embargo, mi cuerpo humedecido por la lluvia y mi sudor dificultan un poco el correr, menos mal que visto mi gorra naranja y descolorida que me acompaña a todas mis carreras, evitando que la llovizna moje mis lentes y dificulte más la visión y si le añadimos el bochornoso vapor que despide el pavimento, da como resultado una carrera diferente, no, un reto diferente y digno de correrse.

No sé en qué kilómetro voy, pero mientras observo para averiguar si hay algún indicio, mi mente se transporta en espacio y tiempo, regresando paso a paso por el correr de los metros, de los kilómetros; por entre calles, en la carretera, en las diferentes ciudades, hasta llegar a la Ciudad de México; en el hoy, en el ayer, en el antier; en las horas, en los minutos, en los segundos, en el tiempo; en aquella noche fría de jueves.

Mientras esperamos, observo el Ángel de la Independencia de México, que permanece en la cúspide de su edificio, a 45 metros del nivel del suelo, cuidando como fiel guerrero nuestra libertad, aún escucho a mi madre contar esta historia... Corría el año de 1910, con motivo de las celebraciones del centenario de la Independencia de México y bajo un clima de completa inseguridad y ambiente enrarecido, el 16 de septiembre, el General Porfirio Díaz inauguró el Ángel de la Independencia de México; Ángel que fuera fiel testigo del pasar de la historia. —Un día, el 28 de julio de 1957 para ser precisos, tras un fuerte terremoto y sin que nadie lo pudiera advertir, el Ángel cayó, permaneciendo sobre el suelo y sufriendo severos daños, un golpe más para nuestro hermoso país —decía la gente, mientras lo miraban con gran desconcierto, sin embargo, esto no fue el fin. Un sismo no fue lo suficientemente fuerte para verlo derrotado. El 16 se septiembre del siguiente año, 1958, la gente lo puso nuevamente de pie; 53 años han paso desde entonces y aquí sigue firme, sobre Avenida Paseo de la Reforma en la Ciudad de México, observando el continuo pasar del tiempo y escribiendo los mejores hechos de la historia y ahora también punto de reunión de corredores y espectadores. La noche sigue fresca e iluminada, el continuo flujo de vehículos, sus altos edificios de ciudad cosmopolita y sus siempre verdes camellones hermosamente decorados, la hacen una ciudad de vanguardia. Mientras tanto, una voz suave me saca de mis pensamientos —si les preguntamos a esas personas, —sí, bueno —respondo. —Disculpe, ¿van a la carrera de Televisa? —pregunto, —Sí, ése es el autobús —me contestan, —muchas gracias —replico, y mientras nos acercamos al largo vehículo, nos encuentra Felipe, quien al parecer está más que decidido a escribir un nuevo capítulo en el libro de su vida de corredor, al igual que todos nosotros.

Mientras Charly espera a bordo del autobús, Felipe nos recuerda que la presentación para Charly con motivo de sus 300 carreras, para la cual todos sus amigos aportaron ideas y fotografías de sus carreras anteriores, se proyectará en el autobús un poco antes de llegar a Ixtapa a manera de festejo, tal como se planeó.

En tanto esperamos en el autobús, corredores suben, corredores bajan, algunos toman asiento, otros acomodan sus maletas, otros esperamos a que terminen de llegar los que faltan y otros faltan de guardar maletas. En esta tribulación de nervios, emoción, fotos, abrazos, saludos y despedidas, nos vamos acercando a las primeras casetas de pago de entre carreteras. Mientras dormitamos y entre que una parada para ir al baño, yo quiero un café, vamos a tomar unas fotografías, deme unas papas, la madrugada en el autobús nos va cayendo. Ahora todo permanece en completa calma, el autobús en movimiento y en completa oscuridad interior, pero iluminado por la calidad de sus pasajeros; dejo mi dormitar y me levanto para observar la carretera.

En el interior y por la parte posterior del autobús todo es silencio, los corredores y espectadores duermen acompasadamente, hay mil y una manera de dormir, y mil y una más de soñar. Por la parte anterior y en la cabina a medio iluminar, el chofer bien despierto escucha música de buen ritmo y al volumen adecuado para permanecer despierto, sin interferir con el sueño de los que van en las primeras filas. Por fuera, el autobús luce largo y muy elegante, con la perfecta combinación de fierro y cristal; en la parte superior, amplios ventanales de cristal brillante y translúcido, mientras que en la parte inferior, su gran carrocería de acero brillante y de gran colorido, con sus tres ejes, grandes espejos laterales, su enorme parabrisas y adornado con manos y aviones, lo hacen resaltar de entre lo negro del asfalto y la negra madrugada; lo observo de frente y pareciera que veo una gran hormiga, digna de transportar a corredores y espectadores. Es un autobús especial, rompe con el típico autobús de 44 asientos. En dimensiones es más grande y en plazas también. Me levanto de mi cómodo asiento para sentarme junto al chofer y tomar algunos videos y fotografías de la carretera, sus largos y bien iluminados puentes, sus frescos paisajes en penumbra.

Hemos atravesado el interior de una montaña, sus enormes lámparas bien ubicadas van trazando con luz la curvatura que debemos entonar, mientras el punto exacto entre el salir del túnel y la penumbra del amanecer nos transporta a otra dimensión; a lo lejos, las grandes montañas que van abriendo camino entre curvas y rectas, van trazando la carretera. A lo lejos las luces amotinadas nos muestran los pueblos o ciudades distantes, entre los unos y las otras, y hacia nosotros, montañas salen a nuestro encuentro y mientras yo me encuentro aquí sentado, éste mi sueño se desvanece para regresarme en espacio y tiempo a la carrera aquí en Ixtapa. Los kilómetros siguen pasando, un puesto de abastecimiento sale a mi encuentro y una mano amiga me regala del vital líquido, lo bebo y le doy las gracias.

Mientras corro a mi ritmo, por el Bulevar Ixtapa, miro por mi lado izquierdo y del otro lado del camellón observo que a gran carrera viene Irma, —vamos, sí se puede; mientras la distancia se encarga de alejarnos. Hasta ahora la hidratación ha sido excelente, no han faltado espectadores en todo el recorrido, regalándonos sus mejores frases; el clima sigue excepcional, la lluvia ha cesado por completo y el sol se cobija tras las nubes para mantener el lugar a una temperatura lo suficientemente agradable. Más adelante miro a Felipe que viene a su ritmo, —bien, vamos por trescientas —le grito, mientras nos alejamos ambos en direcciones opuestas sobre el bulevar.

En el hotel Presidente Intercontinental se haría la entrega de paquetes a los corredores. Desde que llegamos al lugar, la gran fiesta había iniciado: el salón amplio, alfombrado y bien iluminado nos daba la bienvenida, a la derecha y en amplio cartel las rutas del recorrido para los 5 y 10 K, según expectativas de cada corredor; a la izquierda de la entrada, cuatro hermosas edecanes mostraban las tallas de las playeras entre chicas, sí, chicas, medianas, grandes y extragrandes... cada uno de nosotros nos las probábamos, que de color blanco y con el logotipo de la carrera lucían excelentes. Al fondo del salón, pequeños bloques se encargaban de entregar el paquete del corredor: en el primer bloque la numeración iba del 1 al 300, en el segundo del 301 al 600 y así sucesivamente, de 300 en 300, se completaba el final de la segunda etapa. Entre la música y el murmullo de los aquí presentes recuerdo que grabé este preciso, precioso y pequeño grano de arena, que junto con un puñado de instantes forjó un grato recuerdo. Formándose cada quien, se entrega en su cada cual.

En el salón anexo, los puestos ofrecían de todo para el corredor, donde podías encontrar desde películas muy interesantes alusivas al correr, hasta shorts, licras, playeras, pants, tenis, calcetas, gorras, suplementos energéticos y muchas otras cosas interesantes, algunas a buen precio y otras, no sé, lo verdaderamente cierto es que el calor estaba a su máxima expresión.

Conforme pasan los minutos y los kilómetros el día se va aclarando, la temperatura va en aumento, el sol aun cobijado por las nubes, el asfalto mojado, la humedad en el ambiente nos sigue refrescando, el aire sopla por todo Ixtapa y sobre el boulevar Ixtapa nos acercamos más a los espectadores; puedo sentir que me voy acercando al arco de llegada, lo sé, porque ya hemos pasado los lujosos hoteles Posada Real, Radisson Ixtapa, Dorado Pacífico, Emporio, y a lo lejos se ve el Presidente Intercontinental. Mientras sigo en mis pensamientos, sale a mi encuentro mi hermana Mili con cámara en mano —vamos Albert, y mientras volteo, escucho el preciso instante en que mi hermana presiona el botón que mandará la señal para que el obturador abra y cierre, dejando con su clic una huella más de este lugar. Ella se adelanta con gran carrera para tomar un par de fotos y después correr un poco más junto a mí. ¡Ah, qué bien me siento!, veo el hotel Fontan Ixtapa, donde estamos hospedados, algunos corredores y espectadores que gustamos del correr, del ver, del conocer. Más adelante, el hotel Barceló Ixtapa y frente a éste el arco de llegada. Acelero mi paso, mientras voy pasando los globos que amanera de arco nos dan la bienvenida, levanto mis brazos al cielo y le ofrezco éste, mi mejor esfuerzo a Dios, mientras el chip se encarga de dar la nota final.

Sigo trotando, sigo caminando; medan el paquete de recuperación. Más adelante, mientras me colocan la medalla, un recuerdo pasa por mi mente: "el primero que llegue, le avisa al organizador para que diga por micrófono que Charly cumple con ésta su carrera número 300", así que me pongo en acción, localizo al animador y le explicó de este gran reconocimiento, me dice que en unos minutos más lo dirá con mucho entusiasmo, misión cumplida. Mientras me alejo de ahí para hacer algunos ejercicios de estiramiento para desestresar mi cansado cuerpo, para posteriormente ubicar a mi hermana y al resto de mis amigos corredores y pasar un buen rato.

Realizamos algunos movimientos para calentar dentro de los bloques de salida Irma, Felipe y yo, y sin planearlo, nos cobijamos de la lluvia bajo las frondosas ramas de un gran árbol y pienso —Qué locura, nos hemos desplazado más de 200 kilómetros para correr diez, je, je, je, me gusta esta locura, me gusta lo que hago, después de todo, corretear carreras no es tan malo, ni es de locos, sólo de gente sana. Continuamos calentando, se escucha el Himno Nacional Mexicano, todos corredores, todos espectadores lo entonamos al unísono. Al momento que nos cambiamos de lugar para la gran salida, la lluvia nos moja. En alguna parte de los bloques de salida, por dentro y fuera de ellos y entre miles de corredores y espectadores, Mili, Salvador, Pablo, Charly, Raúl, Lupita,

Irma, Felipe, Rebeca, Violeta, Toño y su esposa, Rubén y yo, aguardamos ansiosamente el disparo de salida, para iniciar con este reto a la vida y correr la Segunda Carrera Televisa Deportes, Ixtapa 2011, 10 K.

El domingo muy temprano, Charly y yo nos fuimos a trotar por la playa para relajar nuestras piernas por el esfuerzo realizado el día anterior, no obstante, sólo el tiempo nos pondrá fin. Entre tanto, en el mar, en la arena, en las calles, en la ciclopista, en Ixtapa, en su gente y en la historia, seguiremos dejado nuestra huella de corredores o espectadores.

"Nunca pensé que correr un maratón me trajera tanta satisfacción"

V Medio Maratón Internacional Ciudad de México
(01:52:54)

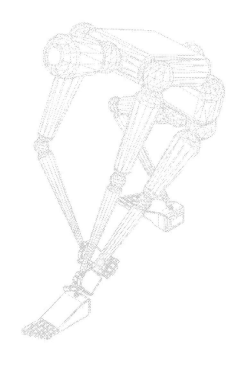

(28 de agosto de 2011)

L a emoción inició desde el momento que dejamos el vehículo en casa de mi hermana, para tomar el tren ligero y dirigirnos al metro Sevilla. Aún recuerdo que no me encontraba en las mejores condiciones de salud y me era confuso pensar si los malestares que tenía eran consecuencia del clima, la altitud, el agotamiento del trabajo, las malpasadas, el entrenamiento o simplemente por la espondilitis anquilosante, no lo sé y creo que nunca lo sabré. En esta ocasión lo había decidido, no recuerdo ya si le hice el comentario a mi hermana Mili o simplemente se quedó guardado en lo más profundo de mi mente, creo que no voy a correr el Medio Maratón Internacional de la Ciudad de México; con gran tristeza, pero sin poderme resignar tenía que aceptarlo, por respeto a mi hermana Mili que incondicionalmente me animaba con sus comentarios y sus hechos, y a mi buen amigo Felipe que nos esperaría en el guardarropa para entregarnos el paquete del corredor. Más por compromiso que por gusto, decidí que correría este gran maratón. Ahora lo sé, si Dios me presta vida y salud el próximo año correré el maratón con todas mis ganas y con toda mi energía.

Poco a poco los pasajeros que ocupaban el transporte colectivo Metro se iban transformando en corredores, en espectadores. En cada estación del metro, si bajaba un pasajero, se subía uno, dos, tres, un grupo de corredores amigos o de espectadores mágicos; el tren cerraba sus puertas en el punto medio exacto, se ponía en marcha y mientras lentamente se introducía al grande y oscuro túnel, se podía observar por entre sus ventanas cómo se llenaba nuevamente de corredores y espectadores aquel angosto y largo andén. La emoción aumentaba conforme nos íbamos acercando a la estación del metro Sevilla; de uno en uno, de dos en dos y de grupos en grupos, los vagones se iban llenando de corredores, cada vez más y más de fabulosos espectadores. En sus caras se dibujaba la sonrisa expectante y como reflejo de sus pensamientos la alegría, la emoción, el ansia que brotaba en forma de sonrisa, no lo sé, cada vez que salía de aquel túnel para ingresar a otra estación el tren, que transportaba corredores y espectadores, salía más brillante, de muchos colores, tonalidades y energía, quizá esto lo hacía parecer deslumbrante, de mucha luz agradable a la vista de quien paciente y calladamente esperaba en el ruidoso andén.

Dentro del vagón, el ambiente poco a poco se transformaba de un tren de callados pasajeros a un tren exclusivo de corredores, de espectadores; con el paso de cada estación, los segundos se hacían minutos y nos acercábamos un poco más, podía sentir en todo mi cuerpo, en toda mi mente, circular la adrenalina, ese olor tan característico que se presenta cada vez que me enfrento a una actividad nueva, desconocida, que nunca he experimentado, lo sé; el correr no es una actividad nueva para mí, pero quizá el reto lo hace que sea una carrera nueva con sabor, olor y color completamente diferentes, no lo sé; quizá es la adrenalina pura que se genera y que comienza a esparcirse por todo mi cuerpo, como en los deportes extremos.

—Hola, ¿va a correr el medio maratón? —le pregunté a un corredor categoría veterano que se encontraba sentado justo frente de nosotros, —sí, eso espero —me contestó, mientras su cara reflejaba la emoción, la angustia generada por los pensamientos a un hecho desconocido. —Yo también, le dije; simultáneamente el latido de mi corazón se aceleraba al máximo. En tanto, mi hermana Mili permanecía expectante a los acontecimientos. Un usuario del metro abordaba el vagón, observando con semblante de interrogación, se podía advertir su pensamiento: ¿qué está pasando?, ¿por qué están disfrazados de tenis, shorts, licras y con número en sus playeras, en una ciudad de vanguardia? ¡Están locos! Mientras observaba uno a uno los locos corredores, estoy seguro que se contestaba sus preguntas, ¡hoy se corre el Vigésimo Noveno Maratón y Quinto Medio maratón Internacional de la Ciudad de México! Conforme pasaban los minutos, los pasajeros de este vagón, de este tren, se iban haciendo menos y los corredores y espectadores los más.

Con gran rechinido de llantas, calor emergente de la parte inferior de los vagones, ocasionado por la fricción del hule con el acero y el olor a llantas quemadas se detuvo aquel tren. Un aire fresco circulaba por todo el andén, de cada uno de los nueve vagones descendían corredores, descendían espectadores, todos llenos de emoción y de buena salud física y mental, dispuestos a dar el ciento por uno, en este día tan especial.

Conforme atravesamos el andén para acercarnos a la salida, el tronido armonioso del girar de los torniquetes se sincronizaba con el latir de mi corazón, provocando que éste se incrementara con el constante pasar de los corredores y de los espectadores por aquellas máquinas metálicas. Mientras subíamos por la ancha escalera, revestida de material de concreto elegantemente pulido en su parte central y lateral con barandilla de color brillante, salimos de aquel pasaje subterráneo a medio iluminar, al punto exacto donde la penumbra se transforma en un nuevo amanecer, más claro y más fresco, donde la impaciencia por llegar a la línea de salida es estresante, ¡seguro estoy, quiero y puedo correr este gran reto!

El día comenzó, el cielo nublado y en la tierra los mortales activos. El ambiente fresco, las calles sin vehículos y en el espacio cercano sólo el sonido del llamado, de la voz activa, de la voz pasiva; cientos de corredores y espectadores emergentes del subterráneo; por todas y cada una de las diferentes salidas, todos en una sola dirección, en una sola edición, la edición Cinco del Medio Maratón Internacional de la Ciudad de México; en la dirección del "ser, estar y sentirse excelentes", del querer y del poder hacer, de la convivencia, de la amistad, de la nostalgia, ¡de la nostalgia!

La avenida Sevilla, acordonada, libre de vehículos, exclusiva para los corredores, para los espectadores. A nuestras anchas se podía caminar, algunos con calma, nosotros con prontitud, para calentar, para atender el llamado de Felipe que aún espera.

La Diana Cazadora afina su mirada y mientras prepara su arco, aguarda con calma. Los espectadores han empezado a tomar los mejores lugares sobre la avenida Paseo de la Reforma, mientras los organizadores hacen los últimos ajustes, ya que minutos antes pasaron por esta bella avenida los corredores que participaron en el Vigésimo Noveno Maratón Internacional de la Ciudad de México.

Con gran paso nos dirigimos al Ángel de la Independencia, donde por la cercanía aguardan los guardarropas.

Ocho treinta de la mañana, por todos lados la voz del animador se podía escuchar haciendo un llamado a todos los corredores —ahora pueden introducirse a los bloques de salida, por favor es importante que ingresen al bloque según les corresponda, de acuerdo con su brazalete —enfatizaba, siendo muy puntual en esto último.

Felipe nos recibió con un fuerte abrazo y nos entregó el paquete del corredor; al instante comenzó la transformación, las endorfinas se incrementaron a un nivel de concentración mayor. Mientras Felipe se dirigía al guardarropa, terminamos de alistarnos. El llamado se ha hecho; Felipe ha tomado su lugar en alguna parte de la inmensa multitud de corredores, mientras mi hermana Mili me ha dejado sus mejores deseos, un beso y un fuerte abrazo. Todos han tomado su lugar, los corredores en el bloque de salida que les corresponde, los espectadores en primera fila y en el mejor lugar sobre Paseo de la Reforma; los organizadores bueno, qué les puedo decir.

Aquí estoy, como parte de los más de dieciséis mil corredores nacionales y extranjeros que participan en este maratón y medio maratón, aguardando a que se dé el disparo de salida; mientras entonamos el Himno Nacional sobre la avenida, camino por entre los escasos espacios vacíos que hay por entre los corredores, para acercarme un poco más a mi amigo Felipe. Ahora han cambiado por completo mis expectativas, con la cabeza gacha observo mi número de competidor, el 11217, mis angustias y malestares casi han desaparecido; mis pensamientos vuelan y recorren el gran país que tenemos, su gente, sus espacios, su flora y fauna, su variada gastronomía, sus idiomas y nuestra vasta cultura, estos son mis pensamientos, repentinamente el disparo de salida rompe con el plácido ritmo de vuelo, regresándome en espacio y tiempo. Por fin he encontrado a Felipe y caminamos para acercarnos cada vez más al tapete de salida.

Los chips se activan de uno a uno, de dos en dos, de cientos de corredores que atraviesan el gran tapete azul, y aunque el cielo está nublado no decae el cántico emocionante y el atrevido sonido del chip que lo porta. Con respiración acompasada, trote suave pero bien marcado, posición erguida y de gran elegancia, con chispazos de energía de emoción y lanzas de alicientes frases con puntas de diamante, y afiladas las endorfinas, nos despedimos entre los corredores y los espectadores. El entorno de salida cambiará, el espacio y tiempo cambiarán, los espectadores cambiarán en este país de constantes cambios. Ya que el punto de salida se difuminará, mientras el espacio vacío y el tiempo del no tiempo se trasformarán, según las pinceladas del gran artista, otro será el punto de encuentro y mientras yo me encuentro, también el encuentro será en la explanada del zócalo capitalino.

El correr los primeros kilómetros con mi amigo Felipe me ha sido grato. Ahora he disfrutado de la compañía de un buen amigo y este hecho me ha reconfortado, mi ritmo de carrera es otro, mis piernas me piden un cambio y no se los puedo negar, volteo para decirle a Felipe que mi ritmo ha cambiado, pero como si él me leyera la mente, antes de que le diga palabra, asienta con su cabeza, afirmando mi pensamiento, mientras yo me dejo llevar por ese cambio. —Los del medio maratón por favor péguense a su izquierda, los del maratón a su derecha, por favor, —palabras sabias dichas por un organizador.

Hace ya rato que dejé a mi amigo Felipe, supongo que viene atrás, dando su mejor esfuerzo en este gran maratón, en este gran reto a la vida. "21 se dice fácil, sin embargo se requiere de valor, decisión y paciencia, pero cuando se tienen estos tres valores, la recompensa va más allá de lo material, marcando nuestros sensibles corazones de inmensa felicidad".

Corriendo a mi ritmo observo los carteles que indican el kilómetro recorrido, mientras uno indica 30 K, un par de cientos de metros después otro indica 9 K, señalando que los maratonistas han llegado al kilómetro 30, la pared, la famosa pared, mientras los del medio maratón van llegando al kilómetro 9. Toda la ruta está perfectamente trazada y señalada por agradables espectadores y rápidos corredores.

Mientras sigo con mi correr por avenida Revolución, observo a la distancia a una corredora que se detiene para quitar de su antebrazo izquierdo su celular y tomar algunas fotografías; levanto mi cara un poco más, debido a que la visera de mi gorra no me permite ver más allá, quedándome absorto por la impresión. Una gran mancha de corredores se pierde en lo infinito de la avenida, de un extremo al otro, a todo lo ancho, entonces, como si se detuvieran el tiempo y el espacio me quedo atónito, observando este gran escenario. El sonido de los cientos de tenis impactando contra el pavimento y las respiraciones entrecortadas de los miles de corredores cesan repentinamente, al igual que las expresiones de apoyo de los espectadores más cercanos y los gritos de algunos que ubicados en sus altos edificios, quedan suspendidos en el espacio infinito. Todo es silencio total, el viento fresco que circula por la grande y ancha avenida también ha permanecido quieto, calma total. Una sensación difícil de explicar, como si fuera una película que se proyecta en cámara lenta, la gran marcha de corredores ha captado la atención de todos: los de adelante miran a los de adelante, yo miro a los de adelante y los de atrás nos miran a los de adelante, es tanta la cantidad de corredores que no creo que haya pasado desapercibida, ahora entiendo el porqué de la corredora que se ha quedado atrás, grabando esta gran imagen de grata paz infinita. Mientras vuelvo de mi pensamiento le grito —después me la pasas, —sí, contesta presurosamente, regalándome una hermosa sonrisa de verdadera tranquilidad.

Más adelante, un espectador también observa la agradable escena y con cámara en mano, toma algunas fotografías. Ahora entiendo: "si todos corremos, nadie se mueve, todo es relativo".

Muchos son los espectadores, ciclistas y motociclistas, hasta nuestro buen amigo que limpia la ciudad ha permanecido quieto, observando este gran evento, esta gran carrera, donde los protagonistas somos corredores y espectadores, qué gran misterio encierra esto del correr.

Repentinamente, mientras sigo corriendo sin saber el kilómetro en el que me encuentro, y medio acalorado por la actividad, una llovizna empieza a caer. Cierro mis ojos y levanto mis brazos para refrescar mi cálido cuerpo, y al tiempo que la lluvia humedece mi playera naranja, le agradezco a Dios por esta pequeña, pero tan agradable llovizna. Algunos espectadores con paraguas en mano lo abren para cubrirse de ella, mientras otros también levantan sus brazos para disfrutar de la suave lluvia y algunos más corren para cubrirse bajo un techo saliente, bajo un puente vehicular o bajo el suéter extendido por arriba de sus cabezas.

Sigo corriendo a mi ritmo, aún puedo sentir las suaves gotas de lluvia escurrir por mi cara, cuello, brazos, pecho y espalda. Voy abriendo mis ojos lentamente, me parece que los he tenido cerrados una eternidad. El escenario ahora es otro, han dejado de ser pasivos para transformarse en unos espectadores activos, ubicados en larga fila y por los lados de la ancha avenida que luce como verdadera pista de atletismo, obsequian el vital líquido a los cansados corredores, quienes a su paso lo toman de la mesa de un abastecimiento distante, para aproximarse a un corredor desvalido y dejarlo en sus temblorosas manos, simultáneamente otros espectadores regresan corriendo sobre sus huellas para repetir este ciclo infinito, en una apasionada entrega total.

En los altos edificios, algunos espectadores nos regalan frases de aliento. La doña que agita su mandil mientras regala dulces; el padre que levanta sus brazos mientras mira a su hijo venir con cansado paso; la corredora que al ver a su abuelo le grita palabras de aliento para que la abrace al llegar; la risa gustosa y espontánea, sus frases cortas y llenas de entusiasmo, el abrazo fraternal de una compañera, amiga y hermana; corredores que portan la imagen de un familiar en su playera para dedicarle su mejor esfuerzo; el grito desesperado de un niño que rompe a correr mientras su padre le da alcance y lo toma de la mano para llevarlo junto a él y recorrer juntos esta parte de su vida; el peatón que detiene su paso para observar los acontecimientos; el amigo desbocado que tan lleno de emoción nos anima con sus altisonantes frases de aliciente; la mirada sombría, la sonrisa agradable, la expresión expectante en un rostro triste y los que observan calladamente en las esquinas. Así son los espectadores, desbordando buena vida y buena vibra.

Mientras algunas familias reparten pequeñas cantidades de refresco embolsado, que para algunos corredores sedientos son grandes cantidades, otros grandes pequeñines, en lugar de comerse los deliciosos dulces, los ofrecen incondicionalmente a los agradecidos corredores. Muchos más levantamos nuestras manos para dar nuestro agradecimiento con un choque de palmas a grandes y chicos en gesto de hermandad.

Mientras sigo corriendo por la avenida Río Mixcoac pienso —qué gran maratón es éste, los espectadores se entregan a los corredores; no sé si detenerme y observar a los espectadores en un gesto activo de solidaridad, que desbordan hombres y mujeres, grandes y pequeños, pero no, no lo haré. Por respeto a su entrega acelero mi paso para hacer que su esfuerzo valga y dar un sentido a la vida.

Grandes, pequeños, cuatro, cinco, quizá seis años de edad, gritando con su diminuta voz y sin restarle importancia, a manera de cántico —♫ sí se puede, ♫ sí se puede; mientras otros levantan su pequeña mano, para que un corredor cansado la choque con la suya y ofrecerle un gesto de apoyo. Otro pequeñín de escasos cinco años corre presuroso, buscando, sacudiendo, sacando de la enorme bolsa negra de plástico que reposa por sobre el suelo un puñado de dulces, mientras regresa, con gran carrera extiende sus manitas con tres o cuatro dulces entre ellas y los ofrece con cariño. —¡Claro que vale la pena correr este Maratón y Medio Maratón Internacional de la Ciudad de México! —me digo, —qué bueno es estar aquí, entre muchos corredores recreativos, entre muchos espectadores activos, entre ¡gente sana! Y lo sé, porque yo tomé un dulce de sus delicadas manos.

Durante todo el recorrido Dios nos ha favorecido: el clima nublado, su aire fresco y su brisa de lluvia nos mantienen siempre frescos y activos. A lo lejos dos espectadores ofrecen plátanos, me acerco a uno de ellos en el preciso instante en que se voltea para dar alcance a otro corredor maratonista que desfallece y obsequiarle la mitad de un plátano; con la palabra a medio decir —a mí t..., y sin perder mi ritmo de carrera, observo al otro espectador terminar de atender a otro corredor mientras los dejo atrás —bueno, ya ni modo, espero más adelante algún espectador tenga compasión de mí y me ofrezca un pedazo de plátano pienso. Perdiendo toda esperanza continúo con mi cansado correr; sin advertirlo, el primer espectador activo corre atrás de mí para darme alcance y ofrecerme la otra parte del plátano —qué gran gesto —pienso; mientras lo tomo de sus manos, presuroso le quito la cáscara, incluso mientras redacto la crónica de este hecho tan relevante, me escucho darle las gracias. El próximo año, si Dios me lo permite, correré la edición número 30 del Maratón Internacional de la Ciudad de México.

Sigo corriendo a mi ritmo, cansado, ¡sí!, pero no vencido, y mientras continúo rebasando corredores que decidieron correr el medio maratón como yo, observo que estamos próximos a entroncar con la gran avenida Insurgentes y pienso —para este medio me he preparado, aunque en estos dos últimos meses entre médicos, entrenamientos y carreras me la he ido sorteando, le pondré muchas ganas; como siempre, daré mi mejor esfuerzo hasta el final, voy con todo y no vale la pena guardar nada, todo en un solo boleto, en una sola entrega, en una sola edición.

Como si fuera el Metrobús, tomo el carril a mi lado izquierdo, sin hacer señal alguna, sin temor a ser sancionado por algún policía elegantemente vestido. Corro rápido y furioso, pasándome los altos y sin usar cinturón de seguridad, rompo con los límites de velocidad y el reglamento de tránsito. Ahora los automóviles tendrán que esperar hasta que se nos ocurra darles el paso y si se atraviesa uno, me lo llevo. Corriendo libres, rebasando corredores, rebasando espectadores, ahora es cuando puedo romper con las reglas de tránsito, ¡aí y sólo así!, somos corredores y espectadores tomando las principales avenidas de la hermosa Ciudad de México, haciéndola nuestra. No para hacer una revuelta y mucho menos una revolución, sólo para manifestar el "ser, estar y sentirse excelentes con Dios, con nosotros mismos y con la vida". Una fiesta en nuestra gran ciudad, diferente y llena de colorido. Las principales avenidas se iluminan con luces multicolores, ¿brillantes?, ¡sí y únicas! Llamadas corredores recreativos, llamadas espectadores activos, una gran fiesta de encanto y de calidad humana en una ciudad que abre sus puertas para abrazar al hermano, al amigo, al vecino del país distante de todo el mundo, una ciudad a la vanguardia, mi natal Ciudad de México, éste es mi pensamiento mientras corro por la avenida Insurgentes.

He rebasado a mi amigo de África, que corre a paso lento sobre el carril del Metrobús, su rodilla vendada y su paso a buen ritmo, supongo que va lastimado. Mientras lo paso, con el respeto que se merecen todos los corredores le digo —bien amigo, ya casi llegamos —go, go, go.

Supongo que voy por el kilómetro 17 y mientras sigo corriendo por la avenida Insurgentes, vienen a mi mente mis amigos del correr; sé que Raúl, Lupita y Pablo, que aún no los he visto, se encuentran en algún punto de algún kilómetro de esta gran carrera, de este gran maratón. Pablo es un gran maratonista que decidió correr el maratón, seguro estoy de eso, supongo que ya está por llegar a la meta y hacer más grande su lista de maratones y sentirse satisfecho de cumplir y superar sus expectativas. La hidratación ha sido excelente, no me puedo quejar. De repente, el cuadro se pinta: un joven sale de la fila y corre para alcanzar a un maratonista, ahora lo sé, porque el número que porta en su playera es de color negro, alcanzándolo y ofreciéndole agua, mientras un conglomerado de espectadores animan a todos los corredores que pasamos junto a ellos. Un espectador cómodamente sentado en un banco y en la esquina de una banqueta, toca con gran destreza su batería, mientras nos deleita con gran danza prehispánica al ritmo del "♪ta-ta, ♪ta-ta, ♪ta-ta-ta". Ahora mi ritmo de carrera se ha transformado para sincronizarse y correr al ritmo de la danza azteca, contagiando a todos los que pasamos por esta parte de la avenida.

De los lujosos restaurantes que hay sobre Insurgentes, algunos meseros salen para echarnos porras, mientras un chef con gran chispa nos hace una atenta invitación —los esperamos después de la carrera para que pasen un rato muy agradable, la comida es gratis para los corredores —dice; mientras paso por enfrente —prepáreme dos arracheras bien grandes y bien jugosas, ahora regreso —le grito—. El chef suelta una muy grata carca—ja—ja—ja jada. Más adelante otro mesero sirve refresco de cola en un vaso para obsequiarlo a un corredor amigo suyo, que va a su ritmo.

Ahora estamos pasando la afamada glorieta Insurgentes, que ha sido escenario de películas extranjeras y mientras corremos para acercarnos al monumento a Cuauhtémoc, la gente sigue firme, como fieles guerreros incansables, apoyando a todos los que atravesamos por su haber, regalando dulces, fruta, agua y refresco de cola.

He pasado dos casas de hidratación, que ya no recuerdo en qué puntos del recorrido se ubicaban; uno lo dejé pasar de largo, mientras el segundo me ha refrescado un poco.

Junto al monumento a Cristóbal Colón en la avenida Paseo de la Reforma, un puesto de abastecimiento muy diferente nos da la bienvenida. Un organizador saca una esponja escurriendo agua fría y la obsequia a un corredor que así lo ha decidido, sin embargo, decido que ésta vez no tomaré una y continúo motivado por el ambiente, con mi cansado correr.

Mientras sigo corriendo, observo los lados de la pista de atletismo, algunos corredores con la medalla colgada en su cuello se han transformado en agradables espectadores, regalándonos lanzas de alicientes frases, incluso uno de ellos ha salido de la fila y de su bolsa de abastecimiento ha sacado un plátano y me lo ha obsequiado, en tanto otros regalan cánticos con frases fortificadas para algunos corredores desfallecientes y los menos simplemente nos observan.

Mientras sigo corriendo por la avenida Juárez, me doy cuenta que entre espectadores hay muchos corredores y esto me hace pensar que estoy por terminar esta gran fiesta. Corro por el Eje Central hasta entroncar con José María Izazaga —vamos corredores, un último jalón, ya llegaron, vamos, eso es todo, —son las frases de algunos espectadores que se han quedado grabadas en mi corazón y en cada latido se repiten de manera acompasada. Mientras voy entonando la curva que van escribiendo las posiciones de los cientos de espectadores por la calle 20 de Noviembre, una gran energía comienza a circular por todo mi cuerpo, sé que estoy por llegar, en las alturas el sonido de un helicóptero rompe con la paleta del pintor, en la cercanía los diferentes arcos formados por cientos de globos azules, verdes y blancos en su singular individualidad y después de éstos, el arco de llegada, mientras las endorfinas terminan de invadir mi cuerpo y sobresaltado por la emoción de vivir este gran medio maratón, cruzo el arco de globos azules, tomo las penúltimas alicientes frases de los espectadores para formar con ello una cápsula de energía suficiente para acercarme cada vez más al arco de globos de color verde, incrementando con ello la fuerza en mi correr; paso a paso llego al arco de color blanco y sin pensarlo levanto mis brazos en señal de vida, mientras una inmensa alegría eriza mi piel, el agradable aliento de vida recorre mi ser. Mantengo mis brazos muy en alto, dejando escapar todo pensamiento efímero de "no poderlo hacer".

"Espectador que miras con atención,
concentrado en tu actuación,
regálame una sonrisa por favor,
una aliciente frase que salga de tu corazón"

X Carrera Internacional del Golfo 10 K (00:48:10)

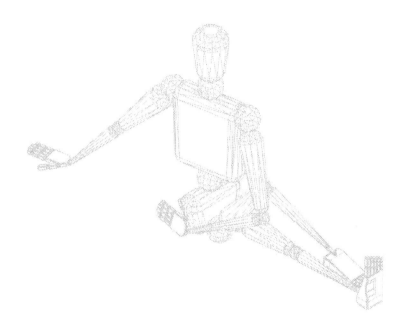

(16 de abril de 2011)

—El punto de reunión el Teatro Hidalgo, a un costado del Palacio de Bellas Artes, aún lo recuerdo bien. El punto de reunión para iniciar esta historia había sido en el andén, por debajo del reloj del metro Taxqueña, ya había sido punto de reunión en otras carreras y ésta no sería la excepción. A las 20 horas mi gran amiga, compañera, acompañante y también hermana Mili me esperaba. Mi hermana de un punto lejano de la Ciudad de México y yo procedente del Estado de Morelos, ambos con mucha energía, mucho entusiasmo de participar en esta carrera. Sería la primera edición en la que participaríamos, una distancia de 10 K en Boca del Río, Veracruz y además a las 19 horas. Todo sería genial, si correteábamos carreras en otros Estados, diurnas y nocturnas, porqué no, ahora ésta. ¿Fácil?, no lo sé —más bien diferente, sí, un encuentro completamente diferente.

—En cuenta regresiva de diez saldrán los corredores de capacidades diferentes, escucho decir al organizador; mientras observo la agradable escena, vienen a mi mente muchos pensamientos, qué fortaleza de estos diez corredores, todos son grandes atletas, grandes guerreros, los mejores que compiten en esta justa de diez kilómetros. Mientras la música suena, el conteo regresivo comienza de manera simultánea: —diez, los diez corredores se acercan más al gran tapete azul de salida, —nueve, ♫pintarse la cara —ocho, ♫color esperanza —siete, ♫mirar al futuro —seis, ♫con el corazón —cinco, ♫saber que se puede —cuatro, ♫creer que se pueda —tres, ♫quitarse los miedos —dos, ♫sacarlos afuera —uno, ♫pintarse la cara... como un remolino que jala con gran fuerza y estruendoso sonido, la trompeta de salida suena y se encarga de devolverme al aquí y al ahora en tiempo y espacio, desapareciendo todo pensamiento efímero de mi mente —los corredores de capacidades diferentes han salido a gran velocidad.

Han transcurrido nueve minutos desde que salió el primer bloque de corredores; el siguiente bloque camina un poco para alinearse con el gran tapete azul, mientras el Estado de Veracruz se alista para escribir una página más en su carrera, en su historia deportiva, para dejar una edición más, la Décima Carrera Internacional del Golfo 10 K.

Mientras preparo la cámara para grabar la salida y mostrársela posteriormente a Mili, observo a los corredores, sin duda alguna los amigos africanos en primera fila, los corredores nacionales en primera fila, se les observa nerviosos, eufóricos, el 8, el 5, el 19, el 66, el 41 y el 50. Sin cuenta y saber cuál es el número total de corredores oficiales, subo la barandilla para alcanzar a ver el final de la inmensa fila de corredores que abarca todo lo ancho de la avenida, sin embargo, no logro verlo.

En espera de que pase el último minuto para comenzar a grabar esta segunda etapa de la gran edición y alentado por una buena canción de fondo, mi pensamiento poco a poco se va desvaneciendo, transportándose a través del tiempo, de los segundos, de los minutos, "mientras miro cómo se aleja el autobús que transporta a algunos espectadores a la línea de llegada, junto al café la Parroquia. Veo tras el translúcido cristal del parabrisas del autobús a mi hermana Mili despedirse" y al observar cómo se aleja el enorme autobús, mi pensamiento también se aleja, desvaneciéndose con la confusa distancia y atravesando por el pasar de las horas. "La llegada a las seis de la mañana de este día sábado, el hospedaje en el hotel Lois". Recuerdo que bajé del autobús para tomar algunas fotografías y grabar un encuentro más en mi mente y corazón. Me encontraba justo por enfrente del autobús, sus grandes y resplandecientes faros no me permiten ver bien, la luz que sale de ellos me ciega por completo; camino hacia un lado y me regreso para el otro, buscando el mejor ángulo, mientras el aire fresco golpeaba mi cuerpo. Recorro el autobús por todo su exterior, para luego tomar algunas fotografías más del fresco paisaje y dejar de grabar, para observar a través de la oscura madrugada. A la distancia algunos corredores realizan su acostumbrado correr, —bueno, ¿qué no se cansan? —me pregunto, mientras con gran gesto de risa, mi cabeza se agita en señal de "no", contestando así mi pregunta.

Mientras mi cabeza se agita en señal de "no", abro mis ojos lentamente y me doy cuenta que vamos saliendo de un túnel. De un brinco me levanto de mi cómodo asiento para acercarme al frente del autobús y tomar un video del siguiente túnel. En la oscura cercanía y al ritmo de las curvas sale a nuestro encuentro un túnel que a la distancia y con el paso de los segundos se va iluminando cada vez más, hasta el fino punto donde la penumbra de la negra noche se va transformando en color esperanza de muy brillante luz. Observo intercalando el bello paisaje a través del gran parabrisas del autobús y la pequeña pantalla de la cámara, y sin poder evitarlo, siento renacer una sonrisa de profunda emoción en mi cansada cara.

Con gran cansancio y sin poder dormir, observo el interior del oscuro autobús; al parecer toda la tripulación viene reparando de un plácido sueño. Con un poco de pesadez en mis párpados y al paso de los minutos intento volver a dormir, pero el movimiento brusco del autobús no me lo permite, por lo que decido mantenerme despierto, hasta que el cansancio poco a poco va cerrando mis párpados, perdiéndome en el silencioso espacio del tiempo.

Repentinamente me doy cuenta que estoy por primera vez fuera de los bloques de salida con cámara en mano y tratando de grabar esta segunda etapa de la carrera, mi primera edición de la Décima Carrera Internacional del Golfo, y yo estoy fuera de ella "como todo un espectador", sin temor alguno, confiado y muy entusiasmado de estar aquí, terminando de grabar la carrera tendré que correr y correr para infiltrarme por entre los barrotes de la cerca metálica y salir como un corredor, y al pensarlo me pongo extremadamente nervioso, eufórico, trato de mantener la calma poniendo mi atención en la canción que se escucha como fondo musical —qué gran canción —me digo.

—Ahora y en cuenta regresiva de 10, saldrán los corredores —diez, nueve, ocho... todos al unísono entonamos la cuenta regresiva, mi corazón comienza a acelerarse, nunca antes había estado tan cerca del punto exacto de la línea de salida como espectador. Motivado por la cuenta regresiva, la música y la euforia de los aquí presentes, dentro y fuera de los bloques de salida inicié con la grabación. El conteo se iniciaba, mi corazón latía cada vez con más fuerza, con respiración entrecortada me incluí en la cuenta regresiva: siete, seis, cinco... no podía creer lo que veía, los cientos de espectadores dispersos en los espacios distantes se acercaban con gran carrera hacia la barandilla, otros corredores apresuraban su carrera para introducirse en los bloques de salida y hacer de esta carrera una gran fiesta —cuatro, tres, dos... con gran estruendo, por el aire vuelan cientos de papelitos de mil colores: verdes, rojos, azules, blancos, flotando por el espacio vacío y en su alegre vaivén van cayendo, mientras con alegre cántico los cientos, los miles de corredores atraviesan la gran línea de salida, ahora mi adrenalina está al ciento por uno y mientras espero el momento adecuado para parar de grabar, repaso el ritmo de carrera y los puntos de abastecimiento.

Grabo hasta que sale el penúltimo corredor y con gran destreza apago la cámara fotográfica y corro por afuera de los bloques de salida. Observo a la distancia que no se termina la barandilla, tomo la decisión de infiltrarme por entre los barrotes de la larga cerca metálica. Mientras me levanto del suelo y en la dirección correcta, corro para irme acercando al gran arco de salida. El atrabancado palpitar de mi corazón comienza a retumbar cada vez más fuerte, mi respiración profunda comienza a ser más entrecortada, mi ritmo de carrera se acelera al máximo. Con una gran inspiración y una cantidad fascinante de endorfinas energéticas circulando por mi cuerpo, escucho el alegre cántico sonoro de mi chip, mientras a mis oídos llegan definidas y flotando por entre el espeso ambiente, las últimas alicientes frases de algunos espectadores, para dejar grabada en mi mente el fondo musical "♪saber que se puede, creer que se pueda", me alejo a gran ritmo de carrera.

Ahora corro a mi ritmo por la avenida Reyes Católicos; rebaso el hotel Castelo, alcanzo a los últimos corredores que hace un par de minutos me dejaran como el penúltimo corredor; me voy acercando por el desnivel vehicular que rodea la glorieta a los "Voladores de Papantla", comienza el juego del constante rebasar: a unos por un lado, a otros por el otro, el hotel Holiday Inn me rebasa, me siento excelente, seguro estoy, no creo que haya un lugar mejor para correr, —¿sería porque iba fresco?, no lo sé. Los espectadores, regalándonos sus mejores frases y los corredores disfrutando de una carrera más en el paraíso. Algunos espectadores detienen su caminar para observar, otro sale de la fila alentado por el movimiento para unirse y hacer de su agradable tarde una gran diferencia.

Corro a mi ritmo de carrera, sigo rebasando corredores, rebasando espectadores; el hotel Camino Real, el Fiesta Americana, un puesto de abastecimiento también me rebasa y sin pensar lo dejo pasar, seguro estoy adelante del kilómetro dos y corriendo.

A mi derecha llevo el inmenso mar; mirar al horizonte, escuchar su característico canto y ver cómo retozan sobre la superficie sus frágiles olas en tan suave vaivén, hacen de mi cansado correr un baile rítmico de esfuerzo con respiración entrecortada de tranquilidad y paz infinita.

... Y mientras sigo corriendo a mi ritmo, alentado por las alicientes frases de los espectadores que se distribuyen por todo el Malecón, viene a mi mente el momento en que recogimos el paquete del corredor —nos vemos en el recibidor para recoger el paquete del corredor, nos indicaba nuestro buen amigo y corredor Javier.

Al poco rato y tras varios intentos vanos de dormir y dejando que el pasar del tiempo definiera la situación, bajamos y abordamos el autobús que nos llevaría al café la Parroquia, donde se hacía la entrega de los paquetes. Entre los cientos de corredores aquí presentes, el murmullo oportuno, las fotografías y la entrega de paquetes. Recuerdo que grabé este momento, qué sensación de gran emoción y de ambiente se vive aquí; unos llegan, otros se van y los más seguimos aguardando la entrega. En este instante gente normal, gente que porta las playeras de otras ediciones, de otras carreras, gente sana que disfruta del ser, estar y sentirse excelentes, una manera diferente de vivir la vida, de darle un sentido. —¿Señor, quiere agua?, —sí, que amable, gracias; la señorita ubicada en el puesto de abastecimiento se ha encargado de regresarme a la carrera.

No sé en qué kilómetro me encuentro, mi cansado correr ya no es el mismo, ahora muy acalorado por la situación y con un grado máximo de humedad, es muy difícil respirar y mantener el ritmo de carrera —creo que tendré que parar de correr, no puedo contenerlo por más tiempo, ¡Dios dame fuerzas!

—No, no me detuve, quizá en otras condiciones lo hubiera hecho, sin embargo, no vinimos de tan lejos para darme por vencido a la primera y dejarme parar por un poco de vapor extenuante. Estaba decidido: no ahora, no aquí, ni en esta carrera, tendría que ser en otra carrera y en otras circunstancias, —o me desmayo o no me detengo —recuerdo que lo pensé.

De repente había olvidado que en mi mano derecha llevaba, desde hacía rato, una bolsa con agua más al tiempo que fría, así que la destape inmediatamente, dándole un trago y vertiendo por arriba de mi gorra naranja el resto de aquel refrescante líquido. Al humedecerse mi gorra, dejo correr el resto de aquel vital líquido por mis hombros y cuerpo, mientras simultáneamente pasaba el líquido de mi boca al interior de mi cuerpo. De pronto, un escalofrío recorrió todo mi cuerpo, erizando cada célula de mi piel, como si al contacto con el agua fría respirasen aire fresco cargado de oxígeno suficiente, liberando todo el calor contenido en cada uno de los poros de mi piel. Mientras sentía el efecto refrescante en mi interior y en mi exterior, mi ritmo de carrera ya en picada se detuvo, manteniendo ahora mi ritmo, desechando todo pensamiento de parar lo que ya se había comenzado.

Para distraer mis pensamientos de mi cansado correr, miro a todos lados para ubicar algún corredor con los que veníamos en el mismo autobús, pero nada. Trato de distraer mi mente para no sentir el bochornoso calor que se ha producido nuevamente por el sol extremo y el grado máximo de humedad. Realmente se ha convertido en un reto completamente diferente. Volteo nuevamente para distraer mi pensamiento y lo único que logro es estresarme más, corredores que se detienen para descansar un poco. —¡Ya no puedo más!, vete tú. —¡Dame agua!, —¡qué calorón hace!, —creo que me voy a desmayar. Intento hacer a mis oídos sordos para no contagiarme de los osados comentarios. Un joven ha caído al suelo y ha permanecido ahí, el sonido del golpe y las preocupadas voces de los espectadores me han hecho voltear. "No sé si detenerme o continuar", mientras observo, disminuyo mi ritmo de carrera, veo que se ha incorporado e intenta nuevamente retomar su postura de corredor y continuar, mas es una realidad y apresuro mi ritmo de carrera para continuar, sin embargo, es difícil mantenerlo, creo que el cansancio del viaje y el no dormir bien han bajado completamente mi rendimiento. No me puedo dar por vencido, cierro mis ojos por un instante y mientras los aprieto, destellos de luz en una noche oscura vienen a mi mente, son los faros de algunos vehículos que circulan por la avenida Hidalgo. Llegando al teatro Hidalgo, cerca del Palacio de Bellas Artes, algunos atletas aguardaban de pie o sentados en espera de su autobús; mi hermana comenzó el diálogo con otra corredora. Entre recuerdos, risas y la fresca noche, el tiempo iba trascurriendo. Llegaron los corredores africanos, se hacía más obscura la noche y con ello llegaban más corredores. Algunos los conocíamos de vista, otros nos reconocíamos por alguna carrera pasada o porque portaban una playera de alguna edición anterior; otros con sus familias y uno que otro solo;

sólo puedo decir que la salida sería a las 23 horas de ese día viernes. Después de un rato, Mili y yo decidimos tomar un café en algún lugar cercano, mientras el resto de los corredores y los autobuses llegaban. —¡Ah...! qué bien se siente el cuerpo cuando se toman un par de tazas con café y calientito, mucho mejor.

Al poco rato regresamos y los camiones muy vistosos, en espera de ser abordados, —disculpe joven, ¿éste es el autobús que sale para hacer realidad un reto más conmigo mismo?, —¡sí! Si decidiste hacer de tu fin de semana algo muy especial y diferente que deje una muy marcada huella, entonces debes abordar este autobús, no te arrepentirás. Sin embargo, conforme nos acercamos más al autobús, la luz de los potentes faros me despierta de este mi sueño efímero.

Sigo corriendo a mi ritmo, el hotel Lois donde nos hemos hospedado quedó atrás. Los puestos de abastecimiento siguen haciendo su función, los espectadores nos siguen regalando alicientes frases, la casa de humedad se ha quedado, el señor sol aún nos sigue regalando sus mejores rayos de luz y el bochorno ha quedado suspendido en el espacio. Mis reservas energéticas están por agotarse, observo las expresiones en las caras de los corredores y reflejan cansancio, sí que es un verdadero reto. Sin reservas energéticas, sin descanso y sin dormir, no sé si terminaré, sin embargo, tengo algunos aliados que no me pueden fallar, los espectadores. Busco entre ellos, tomo de sus manos algunos dulces, sus alicientes frases; de los puestos de abastecimiento el agua y la bebida isotónica, aceptando el reto de seguir hasta el final.

Más adelante y siguiendo con mi cansado correr, una pipa con agua regala duchas a manguera abierta, para hidratar a todos aquellos corredores que están por desfallecer y mientras observo tan agradable cuadro, una brisa de agua llega hasta mi lugar, reponiéndome del todo, sin duda alguna, en cuerpo y alma. Estamos pasando el hotel Howard Johnson donde se hospeda Irma y mis nuevos amigos del correr.

A estas alturas de la competencia, por fin el sol se ha ido a descansar y la adorable noche está cayendo, el sonido del mar se hace más presente, el ambiente en la línea de llegada, los agradables comentarios de los miles de corredores, la corredora en el servicio médico, los masajes a unos cuantos corredores y la algarabía de los espectadores en la recta final.

Finalmente y mientras me acerco a la línea de llegada, motivado por el acompasado latido de mi corazón y las alicientes frases de los espectadores, pasa por mi mente lo difícil que ha sido para mí esta carrera. Levanto mis manos en señal de triunfo, mientras dejo escapar una sonrisa de inmensa felicidad. Simultáneamente el chip se encarga de dar el gran toque final —♫saber que se puede, creer que se pueda.

En completa calma, con respiración tranquila y al rítmico latido de mi corazón, disfruto de una noche cálida y oscura al son de la convivencia en compañía de Mili, Felipe, Irma y otros compañeros.

"La distancia nos hace vulnerables
en todos los aspectos"

XIV Medio Maratón Internacional
Mundo Cuervo
(01:46:44)

(20 de noviembre de 2011)

U na noche oscura y fresca en el Ángel de la Independencia en la Ciudad de México..., un saludo fraternal en un encuentro más con mis amigos..., una madrugada de movimiento intenso..., la plaza, un quiosco, un desayuno de convivencia, de bienvenida en Tlaquepaque..., una carpa, una transmisión en vivo, un jardín y la entrega del paquete del corredor en el hotel Camino Real en Guadalajara..., la catedral, la premiación de los competidores ciclistas de los juegos Parapanamericanos..., ir de compras y compartir la tarde del sábado entre amigos..., el descanso y un sueño hecho realidad en un pueblo mágico.

Mientras el Ángel de la Independencia reposa sobre la cúspide de aquel edificio, la noche nos va envolviendo; uno a uno van llegando los valientes guerreros o mejor dicho, nuestros amigos Irma, Charly, Felipe, Carlos, Mili, Lupita, Pablo, Raúl, Angélica, Laura, Mario y yo. Sin excepción se nota en sus caras la emoción, el ansia por iniciar un fin de semana diferente.

Nos ha caído la madrugada, todos descansados, serenos y muy emocionados abordamos la sprinter para trasladarnos en esta mañana de inmensa quietud. Pasamos la caseta de cobro, conforme nos vamos acercando, las grandes botellas tequileras nos marcan el camino que debemos recorrer: una a la izquierda, otra a la derecha, una a una se van alternando las curvas y las rectas. Tras salir de una curva y por entre las pequeñas montañas, una lucecita resplandece y se desplaza en el horizonte infinito, haciéndose de una a dos; salimos de otra curva y las lucecitas viajeras se van incrementando, ya son cuatro, ahora dieciséis, en su mágica aparición se van multiplicando, formando en la cercanía el pueblito, perfectamente delimitado por la carretera en su cansado ir y venir. Un cielo diferente a los demás, que entre color morado, azul, verde, amarillo y el negro intenso, se cobija el pueblo de Tequila.

Aquí nos encontramos, pasando las vías del tren que nos marcan el inicio de Tequila, de un día mágico, de una carrera en un espacio diferente con espectadores totalmente diferentes.

Qué sensación tan inexplicable, las calles limpias y bien trazadas, la mayoría de las casas de un nivel, se siente y se respira tranquilidad y respeto; los espectadores han salido de sus casas para vernos pasar, algunos se han arrimado la silla, el banco, mientras otros reposan cómodamente por sobre el suelo, siempre lanzándonos alicientes frases. Repentinamente el suelo se ha transformado en un gran tapete de color amarillo quemado que va entonando las curvas, que nos va marcando el camino de piedra. Al pisar el que supongo es el zacate del agave procesado, una sensación de suavidad amortigua nuestras pisadas. Mientras el espacio entre las finas fibras del zacate se comprimen, el aire encapsulado sale a toda prisa desprendiendo simultáneamente un agradable olor de agave fermentado. —¡Qué padre se siente! Seguramente mi articulación sacroilíaca está disfrutando del suave momento

—pienso, mientras con gran inspiración intento grabar en mi mente esta agradable sensación de bienestar.

Sigo corriendo a mi ritmo, mi respiración acompasada y el rítmico latido de mi corazón me marcan invariablemente el ritmo de la vida y entre varios cambios de dirección y los agradables comentarios y alicientes frases de los espectadores les grito —muchas gracias Tequila; sí, me ha sonado bien, ahora cada espectador se llamará "Tequila" —gracias Tequila...

Sin duda alguna se nota que estamos en una cuesta arriba pasando el kilómetro dos sobre el gran camino empedrado, cubierto por la alfombra de zacate de agave procesado. Al momento que sigo en mi correr y en mis pensamientos la magia se hace presente, el zacate de agave se va transformando en tierra natural, las casas y los mágicos espectadores se transforman en un amplio camino de agaves azules; puedo sentir la corriente de aire limpio, refrescante y ligero circular por mis pulmones, en cada inspiración y en cada espiración el agradable aliento de vida, desplazándose por entre los cientos de corredores hasta llegar a mí y enfriar un poco más mi cálido cuerpo, mientras a nuestro encuentro un arco de globos nos da la más cordial despedida.

Mientras corremos por la cuesta arriba de la montaña, formada de piedras pintadas de blanco, un letrero enorme con la leyenda "SAUZA" ha quedado atrás. En la infinita lejanía se divisan las montañas que poco a poco se van traslapando y se confunden con el espacio vacío, en la cercanía los campos de agave siempre azules en sus diferentes desniveles y tonalidades, según el campo en la montaña. El cielo se mantiene despejado, el sol nos manda sus primeros rayos de luz. Cada uno corre a su ritmo, cada uno en sus pensamientos, se siente bien estar aquí, rodeado de gente que ama y disfruta de los buenos momentos.

Sigo corriendo a mi ritmo, en esta cuesta arriba sé que tengo que dosificar mi zancada y mientras me administro, vienen a mi mente todos mis amigos, hace aproximadamente tres kilómetros que no los veo, —ah, qué bien se siente estar aquí; toco los agaves que se encuentran en las laderas del camino, rebaso corredores, ahora los espectadores son los magníficos campos de agave y uno que otro organizador. Veo un puesto de abastecimiento y lo dejo pasar, sé que me hidraté muy bien los días anteriores, no me siento cansado, estoy lleno de euforia, disfrutando al máximo de mi correr. Le doy las gracias a Dios por darme nuevamente la oportunidad de hacer lo que más me gusta y de estar aquí un día más con mi hermana y mis amigos del correr en este pueblo mágico.

Más adelante, distingo a Raúl a buen ritmo de carrera y concentrado en sus pensamientos; mi ritmo de carrera comienza a acercarme a él, mientras la distancia se va acortando. Con temor a sacarlo de concentración le rebaso, mientras con mi mente pronuncio su nombre y mis mejores deseos.

Un camino en curva y tras él otro más, ambos cuesta arriba, salir de uno y entrar en el otro han dejado un buen sabor a Tequila y un ritmo de carrera agradable; una cuesta abajo, larga, que acelera el ritmo de carrera de todos los que por allí pasamos. A mi derecha los campos sembrados de jugosos agaves y a la izquierda el cerro cuesta arriba que delimita el camino, siempre de tierra natural. Volteo a mi derecha y mientras siento la suave caricia de un agave observo los gratos paisajes, mientras a mis oídos llega el trinar lejano de los pájaros.

La mañana se ha vuelto más calurosa, a estas alturas del camino mi ritmo de carrera quiere desistir y cambiar a un paso más cómodo, pero no se lo puedo permitir, en recta y cuesta abajo, lo único que le puedo prometer es reducir un poco el ritmo y con ello mi zancada, ya que la inercia de la cuesta abajo me obliga a acelerar mi correr. Mi pensamiento es distraído por nuestros amigos que ya vienen de regreso en una pesada cuesta arriba, —bien, vamos —les grito a todos los que van dejando una profunda huella. De pronto, ¡qué grata sorpresa! carrera toda marcha veo pasar a Pablo, sin poder ni querer evitarlo le grito una aliciente frase, pero va tan concentrado, que creo no me ha escuchado, sin embargo, su pisada firme e impresionante velocidad han captado mi atención. Contagiado por este hecho tan relevante, más rápido de lo que lo escribo, mi ritmo de carrera se incrementa, mi pulso se acelera y mi inspiración se hace más profunda, pero no creo estar preparado para mantener un ritmo similar, por lo que rectifico mi correr y me sintonizo nuevamente con mi ritmo de carrera.

Nuevamente salgo de una curva, los paisajes siempre azules. En el campo los agaves y en el cielo, el azul intenso, el calor se ha incrementado, la respiración entrecortada de los corredores también; no hay espectadores, hace rato ya que se quedaron atrás; un puesto de abastecimiento me rebasa y lo dejo pasar —en el siguiente puesto de abastecimiento iniciaré la hidratación —pienso, mientras me alejo.

Ahora, llego al punto exacto donde comienza el regreso, damos la vuelta y comenzamos el descenso. Qué agradable sensación, qué imponente se mira todo a la lejanía, las inmensas montañas se levantan por enfrente de nosotros, el camino de agave siempre de tierra natural; todo ha dado un giro, el grato e imponente paisaje se ha tornado a mi izquierda y la montaña que delimita el camino a mi derecha; me siento excelente y soy feliz, no puedo evitar sonreírle a la vida y a Dios. Es un camino que ya recorrí, ahora sé dónde están las curvas, las rectas, la cuesta abajo y la cuesta arriba, —¿la cuesta arriba? Como si todo se detuviera a mi alrededor, viene a mi mente la cuesta arriba y difícil donde vi a mi amigo Pablo venir, sin embargo, desecho de mi mente la idea de una cuesta pesada —éstos son mis pensamientos, cuando en la cercanía mi vista identifica el rítmico correr de mi amigo Felipe, su paso sereno pero rápido y su acompasado respirar me reconforta, distrayendo mi mente, —vamos Felipe, sí se puede —me escucho gritar mientras la distancia se encarga de llevarnos por caminos opuestos.

Mientras corro por esta cuesta arriba, larga y cansada, mi ritmo de carrera se hace más lento, trato de jugar con mi ritmo para no volver monótono mi cansado correr, aumento la fuerza en mi zancada y después de un par de cientos de metros la relajo un poco, creo estar por el kilómetro trece y mientras intento realizar varias repeticiones, un par de corredores me rebasan —tienes que ir a mi ritmo, hija, —¡ok!—Hola entrenador, —hola, cómo vas, —bien, creo que puedo dar más, —pues, adelante, no te detengo; se ha acercado a la pareja de corredores otro corredor. Observo cómo se alejan paulatinamente —voy a guardar mi distancia y sincronizar mi ritmo a su ritmo —pienso y lo voy haciendo paulatinamente, mientras estoy con mi diálogo interno y en el hecho, la pendiente difícil va llegando a su fin. Salgo de dos curvas posteriormente y los dos corredores desaparecen de mi vista.

Corro a mi ritmo, ahora recargado. Salen a mi encuentro algunos espectadores y tras ellos nuevamente un arco que hace algunos kilómetros nos diera la despedida. Ahora se levanta frente a nosotros para darnos la bienvenida a este pueblo mágico, transformando los azules agaves en inquietos y aguerridos espectadores; ahora las casas que delimitan el camino de piedra lucen más brillantes, los espectadores salen para recibirnos y regalarnos sus mejores frases de energía, —vamos corredores, sí se puede, —una inquieta espectadora nos ha regalado esta frase tan sencilla, pero tan embriagadora, —gracias Tequila —le contesto, mientras continúo con mi cansado correr. Casa tras casa, calle tras calle voy rebasando sobre el camino de agave, formado de piedra, tan ricamente alfombrado, ahora lo pienso y sé que vale la pena volverla a correr una y otra vez, mientras el destino me alcanza. Sigo con mi carrera, voy alcanzando a una corredora del pueblo de Tequila, lo sé porque su playera lo dice y conforme terminamos de pasar por las últimas calles finamente alfombradas, un cúmulo de espectadores le grita —bien Tequila, así se hace, ya casi llegas. Se ha producido una algarabía excelente. Curiosamente, mientras paso aquella multitud de espectadores, absolutamente todos mantienen silencio, esto me causa una agradable sensación y una inmensa sonrisa de felicidad, —y a mí ¿qué? —grito, mientras una carcajada se escapa de mi boca; repentinamente unos ríen conmigo, otros retoman la algarabía, aplaudiendo y regalándome alicientes frases, —vamos, usted también es bienvenido, usted puede... y mientras me alejo, aún me escucho decirles —gracias Tequila. Creo que nunca me había divertido tanto con tan poco, sin despreciar el gran valor que tienen estas sencillas palabras.

Hemos llegado al abrupto punto donde el fino camino de agave se ha convertido en duro asfalto; mientras corro por la carretera que creo va a Guadalajara, el asfalto golpea rigurosamente mis pies, como si quisiera castigarlos, jamás había sentido tan duro el asfalto, o será que había pasado el efecto de aquel olor del zacate del agave procesado, no lo sé. Ahora el sol está por arriba de nosotros, se siente el calor intenso, es fácil correr, pero aun así, cansado, ¡sí!, pero muy agusto. Los abastecimientos siguen haciendo su función, sobre el camino hay vigilancia, los alegres espectadores nos siguen alentando con sus agradables frases, algunos comercios ya abrieron sus puertas, el camino de agave ha desaparecido, los espectadores salen de sus casas presurosos a nuestro encuentro, los niños en coro nos regalan sus mejores sonrisas, levantando sus delicadas manos y haciendo que con un alegre choque de palmas el día valga. Súbitamente, en una vuelta abrupta nos sale al encuentro un camino largo, delimitado por alegres casas de fachadas limpias que van trazando el largo camino de piedra que debemos seguir; recuerdo que en todo este recorrido no faltaron espectadores.

Sigo corriendo a mi ritmo, el camino parece no tener fin, ya empiezo a sentir la pesadez en mis piernas y mi zancada comienza a disminuir; alentado por las frases de los espectadores mágicos, consigo mantener mi ritmo de carrera y a la distancia veo el feliz retorno. Cuando estoy pensando en disminuir mi zancada, la voz de mi amigo Raúl interrumpe mis pensamientos, —Alberto, regalándome un aliciente más de vida.

Tras salir de una calle, se levantan frente a nosotros las puertas abiertas de la destiladora Casa Cuervo, en donde se produce el fino y exquisito tequila, mientras cruzamos por su entrada y como si fuera una gran cámara fotográfica, veo e imprimo estas imágenes: un lugar limpio, ordenado, se nota que hay calidad, servicio médico, oficinas; mientras un trabajador toma fotos de este gran evento, un vigilante nos observa con gran expectación, los enormes alambiques a mi derecha, sobre el suelo y a mi izquierda reposan las grandes piñas agaveras que felizmente esperan ser procesadas para la producción del tequila, qué agradable sensación y qué delicioso sabor de boca, sin embargo, todo lo bueno tiene que llegar a su fin.

Mientras cada quien corre a su ritmo y adentrado en sus pensamientos, entonamos la última curva y al salir de ésta nos aguarda el camino de llegada. Los cientos de espectadores se arrejuntan para ver el desenlace; limitados por la barandilla: amigos, hermanos, familiares de este pueblo mágico y visitantes nos dan la más cordial bienvenida con sus frases.

Entre los arcos formados con globos azules, amarillos, verdes y rojos, el último camino de piedra, el aire limpio y fresco, lo han hecho un reto diferente.

De repente una voz interrumpe mis pensamientos —tú puedes Albert. Mientras mi mente procesa la información y con tres zancadas por delante y dándome cuenta, giro mi cabeza y hombros, reconociendo a mi hermana Mili, quien ha quedado atrás, como si algo mágico traspasara mi cansado cuerpo, poco a poco siento incrementar mi ritmo de carrera, mi corazón late con más fuerza y mi respiración se hace más profunda y espaciada; con cada inspiración doy tres o cuatro zancadas, cada vez más largas y elevadas; el aire golpea mi cara y cuerpo con más fuerza en su acompasado vaivén, como si el tiempo transcurriera más lento y el espacio se estirase, me doy cuenta que he quedado suspendido en el espacio vacío y en un instante infinito; mientras cae mi pesado cuerpo en mi pie anterior y retomando con gran fuerza, lanzo mi pie posterior nuevamente con fresca zancada, arrastrando todo mi cuerpo y quedando nuevamente suspendido en el mágico espacio infinito y en el tiempo vacío; dándome cuenta que disfruto de jugar con la velocidad, espacio y tiempo a voluntad.

Al cruzar el arco de llegada, levanto mis brazos con gran fuerza y agradable sabor a Tequila, mientras una voz rompe con el silencio —Alberto, levanto la vista y frente a mí, mis amigos Charly y Pablo como dos espectadores, disfrutando de este mágico espacio de nuestras vidas. Intento parar para estrechar sus manos en señal de triunfo, pero la velocidad no me lo permite, obligándome a continuar caminando por la zona de desaceleración, recuperación e hidratación. Ya en calma y consultado los tiempos, me siento feliz, cumplí expectativas e impuse una nueva marca en mis tiempos personales de carreras de media distancia de este año.

Mientras redacto la crónica de este reto a la vida, me digo —qué gran carrera, en este "pueblo mágico" de Tequila, Jalisco.

"Hoy es un nuevo día y todo saldrá mejor, primero Dios…"

VI Maratón Powerade Monterrey
(04:15:49)

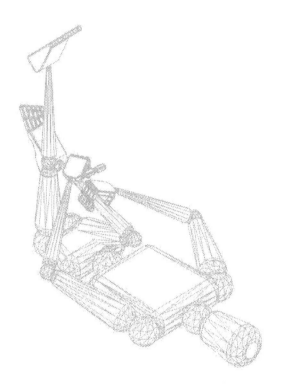

(11 de diciembre de 2011)

Es una madrugada oscura e intensa, el aire frío se puede sentir a través de la ventana, palpo el vidrio con ambas manos y mi cuerpo se atemoriza de saber que faltan tres horas y pareciera que no va a parar de llover. Me regreso al interior de mi cálida cama, me cobijo e intento dormir una hora más, sin embargo, la preocupación mantiene mis pensamientos ocupados y en lugar de dormir, dormito...

El tiempo pasa rápido y decidido inicio con un nuevo día. Amarro mis agujetas y coloco mi chip, mientras mi hermana Mili termina de dar el último ajuste a su cangurera.

En lo que esperamos a que llegue la hora acordada, realizamos algunos estiramientos estáticos, para posteriormente continuar con movimientos de repetición. Sé que la temperatura de nuestros cuerpos descenderá rápidamente y es preciso calentar con anticipación, para evitar alguna lesión. Iniciamos con movimientos estáticos de pies a cabeza, para regresar de cabeza a pies con movimientos suaves de repetición.

Minutos más minutos menos, en el recibidor del hotel esperamos con ansia Pablo, Lupita, Raúl, Mili y yo, calentando con ejercicios, tomando fotografías y esperando a que se aproxime la hora para dirigirnos al Parque Fundidora. Sé que el puente peatonal que comunica el hotel con el Parque será nuestro aliado por unos segundos y nos cobijará de la suave lluvia, mas no así del aire frío intenso que se filtra por entre los espacios vacíos.

La hora se aproxima y decididos nos alejamos de aquel cálido y seco lugar; caminamos a paso veloz hacia el arco de salida dentro de las instalaciones del Parque Fundidora; la lluvia, el aire y el frío nos acompañan, inquietos y aguerridos maratonistas también, algunos visten con bolsas de plástico sobre su ropa deportiva, otros más abrigados y nosotros los menos, menos abrigados, vistiendo playera, shorts y tenis.

Ahora no sé si el tiritar de mi cuerpo y el rechinido de mis dientes es por el aire y la lluvia fría o por la emoción del reto. Aunque me he preparado para dejar lo mejor de mí en este maratón y en este día, sé que me enfrento al intenso frío y a la constante lluvia, sin embargo, como en cada amanecer le agradezco a Dios por darme la oportunidad de hallarme aquí, en un reto diferente y en un fin de semana totalmente distinto a los otros, de estar en compañía de Mili y de la gente que le da un sabor diferente a la vida y un valor agregado.

El Himno Nacional Mexicano ha comenzado; a la lejanía escucho entonar a los maratonistas; conforme nos acercamos a los bloques de salida, la oscura mañana, la lluvia y mis lentes escurriendo no me dejan ver bien. Pablo se ha adelantado bastante, mientras Raúl y Lupita poco a poco se van confundiendo entre la gran multitud de corredores y espectadores. Con la euforia corriendo por mis venas le doy un abrazo, un beso y un hasta pronto a mi hermana. Ella toma el mejor lugar como espectadora para ver la salida del gran evento, yo, perdido de mis amigos entre la inmensa multitud de corredores, camino a paso veloz y me detengo en la primera entrada de los bloques de salida, donde aguardan eufóricos muchos maratonistas. Por delante de mí y a la distancia un *pacer* de tres horas, cuarenta y cinco minutos, por detrás y a la lejanía un *pacer* de cuatro horas. Mientras espero a que den el disparo de salida observo a los maratonistas: algunos ajustan sus impermeables, otros acomodan su reloj y audífonos, muchos otros tiritan de frío conmigo y uno que otro sigue calentando. A lo lejos y por todas partes la voz del animador se escucha —un día excelente, más de 3,500 maratonistas y el mejor clima, no lo dudo, el mejor clima gracias a Dios.

De pronto el cañonazo de salida se escucha, confundiéndose con la música, la voz del animador y la algarabía de los aquí presentes; el movimiento llega a mi lugar, poco a poco los maratonistas dentro de los bloques de salida comienzan a caminar, los huecos vacíos se van llenando de nuevos corredores y los espacios que van dejando los ocupamos los que en la entrada del bloque, silenciosamente aguardamos nuestro turno.

El mío ha llegado, como si las gotas de lluvia se suspendieran en el espacio vacío y el aire frío e intenso fuera cosa del pasado inicio mi ritmo de carrera con un trote suave, hasta el fino punto de escuchar el sonoro sonido del chip. Ahora, con la adrenalina circulando por mis venas y mi firme actitud de llegar, las circunstancias me dejan ver que ya no tengo frío y el agua, agua es, la refrescante agua —pienso. En otras carreras, cuando el cuerpo está que arde, ya quisiéramos beber de esta agua fría. Mientras sigo en mis pensamientos, siento dibujarse una sonrisa en mi cara de nerviosismo, de incertidumbre, de inmensa alegría; veo a Mili rebasarme, —Mili —le grito, y presurosamente voltea para ver mi regreso incierto.

Mientras corremos sobre el adoquín, llegamos al fresco túnel que forman las frondosas ramas de los árboles, haciendo más oscuro el verde paisaje, cubriéndonos simultáneamente de la suave lluvia, y a la distancia las grandes puertas del Parque Fundidora nos dan la más cordial despedida al ritmo de los villancicos navideños.

Todo es genial, he decido correr los primeros kilómetros a paso de maratón para calentar un poco más. Poco a poco paso el hotel donde estamos hospedados, la oscura mañana nos acompaña, el refrescante día y la lluvia también, los cientos de maratonistas, qué digo cientos, los miles de maratonistas también; las calles lucen solitarias, libres de vehículos. Monterrey nos ha buscado la mejor pista de atletismo que tiene —la mejor, ¡claro que sí!, es la mejor. El carácter alegre de los regiomontanos se puede escuchar por todas partes, haciendo más ameno el correr. Avenidas anchas, calles angostas nos apretujan, nos dispersan, aun así se puede correr a buen ritmo.

Saltando charcos, esquivando banquetas, rebasando maratonistas, los pocos espectadores nos regalan alicientes y dulces frases: —vamos Alberto —han dicho mi nombre, no obstante, no me conocen y aun así se entregan a los maratonistas. —Gracias Monterrey —les grito, mientras me alejo cargado de energía suficiente y completamente fresco. Los comercios no han abierto, es una mañana intensa y en calma. Por mi lado derecho distantes, uno del otro, circulan vehículos. Veo un policía, —gracias jefe —le grito, ya que parado, en posición de firmes y agitando su brazo flexionado nos da el paso, mientras con el otro, señala posición de alto total a los pocos vehículos de aquella calle, obedeciéndolo de inmediato, mientras observan bajo un cielo nublado, con lluvia, neblina y aire frío, aquella manifestación de locos maratonistas.

Mi ritmo de carrera me lo ha pedido así y aumento mi zancada, me rebasan maratonistas, un puesto de abastecimiento también; los espectadores siguen frescos por la lluvia y yo, ni se diga. Tomo una bolsa con agua de un puesto de abastecimiento, tomo de las manos de un organizador un vaso con bebida isotónica, me enjuago la boca con un poco de agua para después darle un trago, tal y como me lo dijo mi entrenadora y amiga; tengo que ser cuidadoso y precavido, pero también tengo que disfrutar al máximo del maratón y de este día tan especial, dejando muy marcado en cada uno de mis sentidos y de mis células este instante de vida, pidiendo que su recuerdo me dure una eternidad.

Sigo corriendo a mi nuevo ritmo, a mi derecha me parece estar viendo el tan famoso Tecnológico de Monterrey, las endorfinas están calentando, la euforia de correr todo el maratón sigue en mi mente, en mis venas, sigo esquivando charcos, debo de mantener secos mis pies y mis tenis el mayor tiempo posible, el agua de lluvia ya es parte de mi sudar. Absolutamente todo está a mi favor. Un grupo de inquietos jóvenes bromistas, que por su acento sé que son regios, van en una fiesta total; aguardo un poco mi ritmo de carrera para incluirme un par de minutos en su agradable huateque, para después dejarlos ir.

Corro por mi lado izquierdo, después de un par de cientos de metros, corro por mi lado derecho para cambiar de rutina y no hacer monótono mi correr. Tres maratonistas me rebasan, como niños brincando por los charcos, jugueteando con el agua encharcada y disfrutando de mojar a los demás, por lo que disminuyo mi ritmo de carrera dejándolos pasar y les digo adiós, mientras mi cara esboza una leve sonrisa, les digo —♪no me mojaron, ♪no me mojaron.

Al momento que abordamos un puente vehicular, dosifico mi ritmo a buena zancada en la cuesta arriba, mientras que en la cuesta abajo acelero un poco, alcanzando a un grupo de corredores, son dos *pacer* que sostienen cada uno una bandera con la leyenda: "04:15:00" y corriendo junto a ellos como quince maratonistas, qué forma de correr, todos los maratonistas que quieren hacer ese tiempo se unen a la fiesta. El maratonista líder les va dando instrucciones para concluir con su reto en tiempo y forma y en las mejores condiciones, —ah, qué bien se siente estar aquí, disfrutando del día, del clima, de las calles de Monterrey y de este grupo de maratonistas, aunque mi ritmo de carrera es otro y los tengo que dejar atrás.

Nuevamente un puesto de abastecimiento nos alcanza: agua, bebida isotónica, naranjas, plátanos, dulces, cacahuates y frases de apoyo, de todo para el maratonista y sin pensar me dejo consentir por los espectadores y los organizadores. —¡Gracias Monterrey! —les grito nuevamente, tomando un poco de todo. Algunos los ingiero, otros los degusto y otros más los guardo en la cangurera que nos han regalado los organizadores.

La entrega de paquetes se convirtió en todo un evento, mientras en una sección del Centro Internacional de Negocios de Monterrey (CINTERMEX) se entregaban los paquetes del corredor, en otra sección se vendía de todo para el corredor y en una más, la conferencia magistral nos enseñaba: "¿cómo correr el Maratón Powerade Monterrey". Un piso del CINTERMEX dedicado completamente al corredor. Maratonistas por todo el lugar, disfrutando al máximo de la magia del correr y todo lo que conlleva, donde los sentimientos, las sensaciones y la adrenalina se conjugan, elevando a un nivel superior nuestro estado anímico, provocando una enorme sensación de bienestar por la actividad de correr, motivándonos a continuar con un nuevo reto cada mañana, siendo allí justamente donde los amigos del correr nos encontramos en este lugar del sábado por la tarde.

Los corredores llegaban y se formaban en la fila que les correspondía según su número de competidor. Mostrando tu ficha de pago te daban un paquete muy especial: por fuera parecía una bolsa de plástico común y corriente, yo la abrí y al fijarme, dentro de ella pude observar una revista, un número de competidor, el chip y una cangurera, la cerré, pero inquieto por el pobre contenido, volví a mirar. Repentinamente y sin pensar, saqué el número del competidor, lo desdoble y observé cuidadosamente, mi nombre se encontraba por debajo del número 2809, ¡está personalizado! —exclamé. Entonces miré nuevamente con grandes ojos su contenido, no podía creer todo lo que contenía aquella bolsa tan "insignificante", y mientras observaba detenidamente el interior de mis pensamientos, una onda expansiva de calor radiaba desde el centro de mi corazón, llegando a todos los rincones de mi cuerpo. Simultáneamente, el latido de mi corazón golpeaba con mayor intensidad mi pecho. No se trataba de un contenido material, identificable con el sentido del tacto y de la vista, no, su interior contenía mucho más: finos días de intenso entrenamiento físico y mental; delicados cuidados de la alimentación e hidratación; muchas frases de afecto de la gente que poco a poco va robando un pequeño espacio de tu corazón y en un rincón de la bolsa un hueco, un agujero, un espacio vacío esperando ansiosamente a ser llenado o dejarlo igual, esperando a que por allí se perdiera todo, una decisión que yo solo debía tomar.

Una calle ancha, el viento frío circula con mayor fuerza enfriando nuestros cálidos cuerpos, mientras la lluvia nos mantiene frescos. Maratonistas veo regresar, con mucha calma ahora los veo venir y tras una curva a la derecha y a la distancia se extiende el gran tapete ante mis ojos, una voz muy agradable grita mi nombre —¡tú puedes Alberto! Qué felicidad, veo acercarse el kilómetro 21, ¡no lo puedo creer!, no es un sueño, es una realidad, "es mi realidad". Mis piernas se sienten excelentes, la adrenalina aún corre por mis venas y las endorfinas apaciguan mis dolores, a la mitad estoy, aún tengo muchas ganas de seguir con este reto a la vida. Sólo he empezado a calentar —me digo—, siento una enorme emoción, un escalofrío intenso circula por todo mi cuerpo; sin poder ni querer evitarlo, mis ojos se nublan y no es por lo triste del cielo..., voy a iniciar la segunda etapa. ¡No!, no es una gota de agua de lluvia la que resbaló de mis lentes, son sólo mis ojos que se han hecho débiles con el paso del tiempo y la distancia. No es la respiración entrecortada, es un aliento de vida que quiere escapar, dificultando mi respiración. Extiendo mis brazos y aprieto mis puños, y sin detener mi cansado correr continúo con este "maratón de la vida".

Paso el kilómetro 22 y entre la lluvia, los enormes árboles, el viento frío, la neblina, la cuesta arriba y la gran altitud me voy acercando al "Reto Morelense", al reto de los salvajes, entre avenidas y vehículos varados y bien delimitados. Los organizadores nos regalan un carril exclusivo para maratonistas; el paso a desnivel difícil cuesta arriba se mantiene cerrado, sale a nuestro encuentro un puesto de abastecimiento con espectadores frescos, que al ritmo de la música y la algarabía nos regalan alicientes frases de energía suficiente, endulzadas de chispas de chocolates y dulces cacahuates salados y bolitas de mazapán, para hacer de nuestro desfallecer un abastecimiento suficiente para el camino.

Motivado por un trago de agua y uno de bebida isotónica, termino de pasar el entrenamiento 25 K. Con el suficiente frío, la misma playera y mis guantes escurriendo agua fría, me recuerdan a aquel "entrenamiento de altura" en el Nevado de Toluca y me parece estar corriendo con mis amigos Mili, Irma,

Felipe y Charly, distrayendo mi mente para no pensar en la tan desagradable "Pared", que me venciera en un entrenamiento en el kilómetro 22 - 23 en el Parque Ecológico los Olivos en el Distrito Federal.

—Vamos corredores, no corran solos, hagan equipo entre ustedes; sigo escuchando la voz de un organizador, mientras corremos dispersos y en nuestros pensamientos varios maratonistas cercanos. Sin embargo, todos hacen caso omiso del comentario del organizador y seguimos corriendo a nuestro ritmo.

Sigo corriendo a mi ritmo y mientras me acerco al kilómetro 26, continúo con este juego del constante rebasar, primero a un grupo de maratonistas, después y a la distancia a otro grupo más, ahora, a algunos caminando, —bien, vamos amiga, no te detengas, trota, camina, pero no detengas tu mover —le digo a una por aquí y a otro por allá y otro más allá. Trato de comportarme como un agradable espectador, aunque sé que no podría igualar lo que ellos saben hacer y aun así lo intento, lo hago con mi mejor actitud.

Continúo corriendo a mi ritmo, tomando de los abastecimientos cuanto me ofrecen, según me voy sintiendo y haciendo caso a lo que me dice mi estado anímico, cuerpo y mente. Algo salado me como unos cuántos cacahuates que nos han regalado en algún puesto de abastecimiento; chocolate para entrar en calor energético, ahí te van. Dulces para darle un agradable sabor al maratón, ¡cómo no! Ya que me aproximo al kilómetro 30 y a todas las circunstancias que lo circundan. Me mantengo con gran expectación, pendiente de lo que pueda pasar, y paso poco a poco por el kilómetro 30, tratando de perder la concentración en este punto; no quiero ni mencionar su nombre, ni siquiera con mi pensamiento.

—Aquello no existe y sólo es un juego de la mente. Vienen a mí aquellas palabras de mi amiga Irma en aquella tarde del jueves. Me sumerjo en lo más profundo de mis pensamientos para escapar...

Aún recuerdo haber escrito en mi plan de carreras:

Plan de Carreras 2011
Meta: CORRER el "Maratón en Monterrey N.L".
Objetivo: Correr y caminar el "Maratón Powerade" en Monterrey N.L.

Habían pasado ya casi cuatro meses y aún tenía miedo y muchas dudas sobre si participar o no en tan esperados maratones, debiendo elegir entre el Maratón Nocturno de Cancún y el Maratón de Monterrey. Después de todo, lo importante era estar allí y disfrutar del correr, de la convivencia, de conocer, de iniciar y terminar un nuevo reto, de pasar un tiempo conmigo mismo y conocerme más —es una decisión muy importante para mí —me repetía constantemente, mientras me apegaba a mi plan de carreras para este año.

—He pensado en las consecuencias; no sé si aguante un entrenamiento diario. Sé que la rigidez y el dolor me lo podrían impedir, y tendré que elegir entre correr o no. No sé si esto, desencadene algo mayor, pero como en un principio no me daría por vencido antes de haber iniciado. ¡Hoy viernes 29 de abril lo voy a hacer! Sé cuáles podrían ser las posibles consecuencias, pero no soporto más esta sensación tan inexplicable en mi corazón; cada vez que abro una revista y entre sus hojas leo la convocatoria de este gran maratón, una emoción inmensa me invade, mi corazón late más rápido, un calor sube por mi pecho y llega a mi cabeza, mientras mi respiración se agita y un fuerte escalofrío de emoción se apodera de cada una de mis células.

— ¡Sí, voy a correr!

Tener el apoyo de mi hermana Mili y el constante encuentro con mis amigos de carrera, y el tomar las calles, avenidas, pasos a desnivel, parques y otros que se escapan de mi mente, de cualquier ciudad, encienden las chispas de la vida, alimentándome de una gran emoción. De hecho he pensado que se vuelve como una droga que "entre más corre por tus venas, más adicto al correr te hace".

Decidido, escribí el siguiente e-mail:

> Hola Irma, espero estés bien de salud. Alguna vez te comenté si podrías entrenarme para correr el Maratón de Monterrey. Por fin me decidí y terminé de preparar la información que me solicitaste, y me gustaría, si no tienes ningún inconveniente, llevarlo a cabo. Trataré de cumplir el plan que me indiques al 100%.
>
> Gracias y que Dios te bendiga

El lunes 3 de octubre he comenzado con el programa de entrenamiento que muy amablemente diseñó Irma para mí, he tenido que buscar el mejor lugar, el más adecuado para cumplir con él, como ella me lo indicó y realizar al pie de la letra cada una de las rutinas diarias. Por las circunstancias, he entrenado en algunos Estados como Morelos, Hidalgo, Distrito Federal, Estado de México y Jalisco, sin romper con el plan de entrenamiento establecido. El clima y los lugares de entrenamiento no han sido siempre los más ideales. Algunas veces y por la lluvia, los caminos están más accidentados que otros, en ocasiones me ha refrescado la lluvia mientras corro y algunas otras he tenido que soportar el sol extremo, sin embargo, pienso que las condiciones climáticas son parte del entrenamiento. Unos días con dolor, otros más con rigidez; unos con flojera y los más con voluntad, pero "me la voy llevando", cumpliendo el plan de entrenamiento al 100%, después de todo la preparación también es mental. Por otro lado, me ha sido difícil seguir el plan de entrenamiento, porque no puedo descuidar los compromisos con la familia y con el trabajo, sin embargo, lo voy consiguiendo día a día, basta con pensar en correr y una sensación de cosquilleo y de nerviosismo intenso se apoderan de mí, se avivan todos los síntomas de angustia y emoción que siento antes de una carrera, sin importar la distancia que sea, creo que son el producto de la adrenalina que las genera. Esas sensaciones tan inexplicables de bienestar que me gritan "estás vivo". Lo sé, algunas veces ni yo mismo me entiendo.

Una ocasión, a escasas dos semanas de iniciado el entrenamiento, yo hacía mi calentamiento en el área de tiro con arco en la Universidad Autónoma del Estado de Morelos (UAEM) y un tallo de planta, no mayor a tres centímetros, que sobresalía del suelo me hizo tropezar y mientras caía por sobre la tierra fui palmoteando para evitar que mi pecho y cara golpearan sobre el suelo. Mis brazos poco a poco se vencían por el peso de mi cuerpo. Mi cabeza seguida de mi pecho, se iba aproximando al suelo, hasta que ya mis brazos sin fuerza lograron detenerme a escasos dos centímetros de impactar contra el suelo. Sin esperar a que mi cabeza se llenara de malos pensamientos me levanté y retomé mi postura de corredor para continuar. Había terminado casi la mitad de las repeticiones y tenía mucho dolor en mi cintura y articulaciones, mi cuello se puso rígido, no obstante, tenía que distraer mi mente.

—¡Me duele mucho Dios…!¡Ya no quiero seguir con esto…!

Aún recuerdo el entrenamiento en el Nevado de Toluca, yo lo llamo "entrenamiento de altura". Aparte de que estábamos más cerca de Dios, a gran altitud, las condiciones de frío intenso y la dificultad para respirar, hacen que te conozcas un poco más y mejores tu resistencia.

Una vez continuado con mi entrenamiento y por segunda ocasión, el dolor fue tan intenso en mi articulación sacroilíaca, que sólo pude hacer 40 minutos de trote, y las repeticiones de 5x200 no las conseguí. Con gran desconcierto regresé a casa, ¡mañana será otro día!

En una semana casi todo había salido bien. Un día, mientras realizaba mi rutina de 45 minutos de trote en la unidad deportiva el Centenario, levanté la vista y vi a la gente que observaba desde las tribunas a quienes corríamos sobre la pista de atletismo. Me pregunté —¿qué pensarán? Pero era imposible obtener una respuesta, por lo que dejé que la distancia y el tiempo se encargaran de difuminarla.

Los entrenamientos más agotadores y difíciles fueron los realizados en el Parque Ecológico los Olivos en la Ciudad de México. Correr en una pista 5, 10, 15, 20, 25, 30 y 35 kilómetros no sólo es un entrenamiento físico, también es un entrenamiento mental, sobre todo si la pista tiene poco más de un kilómetro y hay que dar tantas vueltas como sea necesario para completar *la distancia requerida. A veces con sol intenso, otras con frío o lluvia, sin embargo, había que cumplir.*

Los 30 y 35 kilómetros me hicieron recordar lo vulnerable que puede llegar a ser una persona mental, emocional y físicamente cuando alcanza la... "pared".

La pared es cuando las reservas energéticas del cuerpo se agotan, el organismo hace el cambio para tomar dichas reservas almacenadas en alguna parte el cuerpo. Normalmente el cambio sucede entre los 30 y 35 kilómetros de un maratón y es entonces cuando el cuerpo no responde, presentando signos de agotamiento extremo y obligando a algunos corredores en muchas ocasiones, a abandonar la carrera. También pienso que esto se puede presentar en carreras cortas si un corredor no se ha preparado en todos los aspectos.

—¡Amos codedodes, fata poco!, —escucho la voz de un pequeñito decir muy a la cercanía, trayéndome de regreso. Durante un buen tramo del recorrido, una regiomontana que conduce su camioneta y dos pequeños en el asiento posterior nos regalan frases de aliciente. Los niños no tienen más de siete años, pero la alegría y el entusiasmo los hacen moverse de un lado para otro, siempre regalándonos sus animosas frases. Quizá en el grupo de maratonistas en el que me encuentro va su padre o algún familiar, no lo sé, sin embargo, les agradezco esas palabras de energía suficiente, que ahora me cargan de adrenalina pura, la cual me servirá para superar este difícil tramo entre el kilómetro 30 y el 35.

Mientras sigo corriendo a mi ritmo, por enésima vez aprieto mis puños para exprimir mis guantes de estambre, que ahora escurren agua y así evitar que el calor generado se escape por mis manos.

La parte superior de los edificios se mantiene oculta por la espesa neblina, cada vez que mis tenis impactan con suave pisar los pequeños e inevitables ríos de agua, una onda gélida de agua los rodea, filtrándose cada vez un poco más al interior, dificultando mi correr.

Estoy por cruzar el kilómetro 35 y nuevamente la adrenalina, en combinación con las endorfinas, produce un enorme sentimiento que poco a poco se va apoderando de mí. La distancia como martillito que lentamente va perforando la piedra desquebraja mi duro corazón, como si en cada zancada con gran impacto golpeara mi corazón, logrando extraer de él una última lágrima de felicidad. Sin entenderlo soy y me siento feliz, y este sentimiento de inmensa felicidad trae a mi mente a mi hermana; sé que por algún lugar de estos kilómetros me aguarda. Cual fino radar de alto alcance, aguzo la mirada y abro mis oídos por si la escucho lanzar sus alicientes frases a todos los maratonistas que pasan frente de ella.

Voy corriendo a mi ritmo, ya perdí la cuenta de cuántos puentes vehiculares hemos remontado. La lluvia sigue cayendo, el aire frío se ha intensificado, ahora mis pies nadan intensamente dentro de mis tenis; mi playera mojada se ciñe a mi cuerpo una vez más, el color naranja de mi gorra resalta por el agua de la lluvia, por mis guantes escurren chorros de agua. Sé que no debo bajar el ritmo de carrera, porque mi cuerpo bajaría su temperatura rápidamente y no sé qué podría suceder, y con todo y esto estoy disfrutando al máximo "mi primer maratón".

Repentinamente un maratonista se aproxima a mí y se mantiene a mi ritmo de carrera, volteo y le regalo una sonrisa. Por un rato mi compañero corredor se adelanta una zancada, marcándome el ritmo de carrera que debemos entonar, es un ritmo parecido al mío, por lo que nos vamos un par de kilómetros juntos, cada uno en sus pensamientos, a no más de medio metro de separación entre nosotros. Hacer equipo me ha parecido una buena idea, en esta carrera que carece de espectadores y en donde los bloques de corredores son dispersos. Veo un puesto de abastecimiento, disminuyo un poco el ritmo para tomar de las manos de un organizador una bolsa con agua y más adelante una bebida isotónica, sin interrumpir mi ritmo. Cuando me doy cuenta, mi compañero corredor me lleva una ventaja bastante grande, por lo que retomo mi ritmo inicial y con el paso de los minutos le voy dando alcance. Ahora mi compañero voltea y me regala una sonrisa, avanzando un par de kilómetros más. Mientras retomamos un puente vehicular bastante pesado, tomo la zancada por delante, marcándole el ritmo que debemos llevar, no obstante, comienza a disminuir paulatinamente su ritmo y cuando me doy cuenta se ha quedado atrás, fue la última vez que lo vi.

El *pacer* de cuatro horas, quince minutos, junto con el bloque de corredores amigos que me acompañaron en los primeros kilómetros de mi correr, ya me han dado alcance. Hay nuevos integrantes y otros quizás se han quedado atrás. Me uno en su alegre correr pensando que podría terminar en ese tiempo. ¡Qué cerca estuve de lograrlo...! Mientras corremos por la Macro Plaza, el *pacer* nos da las indicaciones necesarias para correr esta parte del recorrido sin dañar tanto nuestras rodillas, ni castigar nuestros pies.

El acceso oriente al Canal Santa Lucía nos abre sus puertas, con grandes ojos ubico mi posición, el sonido del agua me obliga a reconocer la fuente de los cinco anillos y su generador de olas artificiales, justo allí. Los paso como bólido, sin perder detalle. El camino de pavimento mojado y a las orillas los enormes jardines; frente a mí, el acceso al Parque Fundidora nos da la más cordial bienvenida con los cánticos de los villancicos navideños.

¡No lo puedo creer!, voy a concluir con los últimos kilómetros del maratón, muchas endorfinas circulando por mi cuerpo y una cantidad exagerada de adrenalina por mis venas me hacen correr, correr y correr sin parar. Simultáneamente una gran emoción me invade, descontrolando mi ritmo de carrera.

Estoy convencido de que la distancia, el frío y la lluvia han hecho más frágil mi duro corazón, sensibilizando mi cuerpo y alma. Sin poder ni querer evitarlo, dejo escapar una lágrima, no creo que existan las lágrimas de felicidad, sin embargo, bajo mi cabeza para pasar desapercibido.

Montado en su bicicleta el organizador me rebasa. Algunos corredores vienen caminando, un espectador perdido se mantiene observando; yo sigo haciendo mi mejor esfuerzo, sé, que tengo que llegar dando lo mejor de mí, esto incluye aumentar mi ritmo de carrera. Nuevamente los calambres toman mis piernas, pero no se los voy a permitir: tengo un propósito en este día tan particular y lo voy a cumplir, quiero que este gran esfuerzo valga por mi hermana Mili, que ha tenido que soportar largas horas de espera en mis carreras de entrenamiento, alentándome en esos 20, 25, 30 y 35 kilómetros en el Parque Ecológico los Olivos, con su abastecimiento de bebida, compañía y alicientes frases, y por esos plácidos sueños interrumpidos. Por Irma, mi entrenadora, que armó el mejor de los entrenamientos. Por mis amigos que creen que lo puedo lograr, y sobre todo por Dios, que me da la oportunidad de intentarlo día con día.

A Él le dedico el mejor de mis esfuerzos de éste, "mi primer maratón".

Corremos dentro del circuito del Parque Fundidora, el intenso aire frío no ha cesado y la lluvia tampoco; ahora los espectadores son muchos y nos regalan frases cargadas de calor humano, suficiente para cobijar a un corredor con hipotermia. Se escuchó en el ambiente: —¡Ánimo, ya llegaron! ¡Un último jalón! ¡Den todo! —No cabe duda, los espectadores hacen la diferencia.

Mientras cruzo el arco de llegada, con mucha fuerza y seguro de mí levanto mis brazos, abro mis puños apretados y doy una fuerte inspiración de vida, han sido cuarenta y dos kilómetros, ciento noventa y cinco metros los que he permanecido en constante movimiento; cuatro horas, quince minutos y cuarenta y nueve segundos de intenso correr; ahora me conozco un poco más. Ha sido un año de mucha espera. El chip, como siempre, se encarga de dar el gran toque final.

Estoy esperando a que lleguen Mili, Lupita y Raúl. Observo a los cientos de corredores que están concluyendo su maratón: un participante se detiene de forma abrupta y mientras la doña lo abraza, se le ruedan las lágrimas. Nuevamente otro maratonista atraviesa el arco de llegada y saca presuroso un anillo de compromiso, proponiéndole amor eterno a su bella novia y corredora; dos chiquillos que se infiltran por entre los barrotes de la cerca metálica para encontrarse con sus jóvenes padres y abrazarse juntos con gran sabor de hogar. El corredor que cruza la línea de meta para saltar de alegría y festejar con ánimo suficiente su maratón número 200; la corredora que llega al punto exacto donde los calambres invaden su cuerpo cansado, pero sin darse por vencida y alentando su estado anímico hasta el final. Raúl y Lupita, quienes alegremente levantan sus brazos al cielo agradeciendo a Dios, para después tomarse la fotografía del recuerdo. Mili llega satisfecha de saber que sus frases de aliento fueron recibidas por los maratonistas, miles de maratonistas que hicieron un fin de semana completamente diferente e inolvidable. La lluvia que no para de caer y el intenso aire frío que cala nuestros ya congelados cuerpos... ¡Curiosamente, ahora soy un espectador!

En medio de toda esta alegría, confusión de ideas y sentimientos me pregunto: —¿corredor o espectador? Sin poder contestarme esta pregunta y mientras tirito de frío y la llovizna humedece mi cuerpo cansado, miro a la inmensa multitud de maratonistas y espectadores, y le doy gracias a Dios por darnos la alegría de ser, estar y sentirnos vivos.

"El reconocer, asumir y aprender a vivir
con buena actitud alguna enfermedad,
extrañamente puede ayudar a mejorar tu salud,
proporcionar mayor calidad de vida
y disfrutar más de los buenos momentos
con las buenas compañías"

Un espectador muy singular

Todos los corredores que antes circulaban por la gran avenida y las demás personas que había, poco a poco se hacían menos. Mientras ya se hacía de noche, me quedé totalmente sola. Después de tantas horas, comencé a preocuparme; dejé entonces mi lugar junto al semáforo y decidí ir a buscarle.

Conforme caminaba, venían a mí muchas preguntas que intentaba contestarme de forma convincente, y sólo lograba preocuparme más.

Más adelante, ya en compañía de una corredora que se unió a mí para buscar a su esposo, quien se había preparado para correr su primer maratón, pero que aún no llegaba y estaba preocupada, encontramos un sitio bien iluminado, —cuando pasen por aquí podrán vernos y nosotros a ellos, así que, esperamos.

Ocasionalmente pasaba algún corredor maratonista ya cansado, agotado, más arrastrándose que corriendo o caminando.

— ¿Dónde estás Albert, dónde estás?, en mi mente se repetían una y otra vez estas palabras.

Momentos después llegó su hermano, lucía cansado. Él también es maratonista, éste era su décimo primer maratón. Comentó algo sobre lo difícil que resultó y que no volvería a correr uno.

Mi pensamiento entonces fue: Albert se inscribió en el 21 K, no estaba en muy buenas condiciones, tenía algunos dolores propios de la enfermedad y además le dio infección estomacal. Aun así estaba decidido a correr su 21 K.

Más en serio que en broma dijo: —Si ves que me tardo más de lo acostumbrado vete al hotel, porque significa que me seguí al maratón. Y así lo pensé. —Sí, se siguió, —¿estará bien?

Cada vez que veía pasar a algún corredor maratonista rezagado, me preocupaba más.

Por fin y después de un rato, aparecieron a la distancia las siluetas de dos corredores —alguno de ellos será mi hermano —pensé. No, no era él, era el familiar de mis acompañantes y otro corredor. Se acercaron para beber algo y descansar un poco, mientras los miraba me preocupe más. Entonces les pregunté si no habían visto a mi hermano, —sí, —dijeron, —viene más atrás. Después continuaron su carrera.

Yo me sentí reconfortada, dentro de mí sabía que él lo lograría fuera como fuera, pero ese "fuera como fuera" me preocupaba.

Ansiosa e intentando disimular, miraba a lo lejos y pensaba —debe de venir ya muy mal. Preparando mi mente para lo que fuera permanecí expectante, casi olvidé a mis acompañantes que amablemente se quedaron allí, conmigo, a esperar.

—Ya viene otro corredor, ¿será tu hermano? —dijo ella.

En la distancia se veía una silueta, que yo no distinguía bien, y que se perdía entre la oscuridad. —No, creo que no es él. Así que concentré mi mirada y pensando que su forma de caminar me ayudaría a distinguirle, puse mi atención, esperando reconocer a ese corredor. —En cuanto salga de esa área oscura será más fácil verle.

De entre la penumbra, poco a poco surgía nuevamente la silueta. —Es, es... ¿un rinoceronte? Sí. Era enorme, su mirada me absorbió. Era fuerte, fija, serena y algo cansada, parecía desprender fuego. La sensación que dejó en mí fue extraña, entre ternura y poder... No sé, fue algo muy espiritual. Su respiración profunda, su pisada firme, larga y veloz. Se podía sentir la fuerza y energía con que avanzaba, distribuida por todo su imponente e imparable cuerpo. Más valía salir de su camino, un rinoceronte determinado, obstinado, lastimado y enfadado es de respetar.

—Es tu hermano —dijeron mis compañeros. Apenas alcancé a reaccionar y grité —eso Albert, tú puedes, ¿cómo vas?, —haciéndome a un lado para no obstruir su marcha. Permanecí allí, parada, donde estaba mirándole mientras se alejaba y aun sintiendo toda esa fuerza y energía pasando junto a mí.

—Vámonos ya. De regreso a la meta y ansiosa por saber cómo había llegado mi hermano, mis pasos comenzaron a acelerarse para llegar lo más pronto posible y estar junto a él.

Llegando por fin, —¿no lo ves? Aquí está —contestó mi acompañante, señalando hacia abajo.

Tendido sobre el suelo, boca abajo, en el área de masajes, con calambres por todos lados, deshidratado, agotado y exhausto estaba mi hermano, con su medalla colgando sobre el cuello.

Las impresiones eran tantas y un poco confusas, pero... ¡qué padre!, ¡qué bueno! ¡Lo hizo!

¿Has visto a un rinoceronte?

Yo he visto uno bello, vestía de negro, pero era blanco, muy blanco; lo vi de frente y en marcha, grande, desfalleciente, pero resuelto hacia su objetivo.

Sí, "un gran rinoceronte".

Mili

Hoy y en estas condiciones de desesperación extrema, no voy a pensar y no tomaré una mala decisión, sólo daré las gracias por seguir con vida y dejaré que el día se termine, mañana será un nuevo día.

Epílogo

Después de varios meses de entrenamiento que incluían distancias largas de 5, 10, 15, 21, 30 y 35 kilómetros y limitado por la misma enfermedad, comprendí el gran valor que tiene dar un paso, solamente un paso a la vez. Después de aceptar y asumir la enfermedad, decidí que mientras pudiera y Dios me lo permitiera me mantendría en movimiento: corriendo, trotando o caminando, dándole a mi sentir "el gran reto de vivir".

Ahora tú, amigo lector, si no posees ningún impedimento, piénsalo detenidamente: tienes todo lo que se necesita para hacer de cada momento un aliento de vida que dure una satisfacción o mejor dicho, una eternidad gracias a Dios.

Y si tú mi amigo lector, tienes un padecimiento, sólo te pido que en los momentos de dolor mantengas la calma y tomes tu medicamento, cuides tu peso y te alimentes sanamente, sin exagerar. Y en los momentos sin dolor realiza tus acostumbrados ejercicios o terapias, es difícil, lo sé, pero la actitud cuenta y mucho.

Sólo así entendí que Dios nos tiene reservado un propósito, recuérdalo y jamás lo olvides. No es necesario que corras, busca una actividad, la que más te guste, la que te apasione, disfrútala, siéntela con todo tu ser, dale todo el amor que tengas y compártela con los demás.

"Estoy próximo a terminar y pienso: —tengo que terminar, no me voy a dar por vencido, no aquí, ni ahora; el dolor intenso invade mi cuerpo y me es difícil respirar. Con lágrimas en los ojos y dando una fuerte inspiración, aprieto mis puños por acto reflejo, levanto la mirada y retomo mi postura de corredor; sin embargo, la falta de fe y energía me obligan a retomar la postura encorvada e incorrecta. Después de varios intentos me es difícil mantenerme, creo estar cerca del final, de mi final, cuando de repente escucho la voz de un espectador muy peculiar, quien rompiendo con el silencio y saliendo de la fila de espectadores, me ha lanzado una ráfaga de alicientes frases, de energía pura y de fe, se ha incorpora junto a mí para correr los últimos metros y concluir con éste, el más amargo, el más difícil, el más cruel de los retos, el reto conmigo mismo".

Enseñanzas

"**S**i estás cerca del puesto de abastecimiento, no te detengas a tomar tu bebida hidratante de las primeras mesas, planéalo anticipadamente y tómalo de la mesa siguiente".

"Si aún no dominas la técnica de hidratarte mientras corres, entonces oríllate donde no puedas provocar un accidente o romper con el ritmo de carrera de aquél que ya lo domina".

"Si repasas los puntos de abastecimiento antes y durante la competencia, te será más fácil decidir por cuál carril irte para no hacer cruces, ya que puedes hacer que caiga un compañero corredor".

"Después de tomar tu bebida hidratante, arroja el envase con agua o vacío fuera de la pista, no lo dejes al alcance de los tenis de otro corredor, porque podría resbalar y sufrir serias lesiones, recuerda que cuando corremos vamos concentrados y a veces no ponemos atención en lo que pisamos".

"No escupas el agua con que te enjuagas la boca o cualquier otro fluido, sin antes voltear a ver si algún corredor se encuentra cerca; si lo vas hacer, hazlo por enfrente de ti".

"Cuando llegues a un puesto de hidratación o abastecimiento, oríllate si no puedes beber mientras corres, recuerda que atrás de ti hay muchos corredores y muchos de ellos ya dominan la técnica".

"Mientras te acercas a un puesto de abastecimiento, elige el carril por el que te acercarás, no hagas cruces, alguien podría salir lastimado, recuerda que a veces es difícil detenerse en un espacio corto".

"Guarda la publicidad que te den al final de la competencia y después léela con calma".

"No uses ropa deportiva nueva e incluso no estrenes calzado cuando participes en una carrera".

"El día de la competencia no pruebes con alimentos a los que no estás acostumbrado".

"Si usas los sanitarios portátiles mantenlos limpios, recuerda que somos muchos los corredores que necesitamos el servicio".

"No uses palabras altisonantes: si el corredor que va en primer lugar no es de tu agrado, religión, sexo, partido político, país o nacionalidad, recuerda que es tu reto y el compromiso es contigo mismo. Respeta a los demás corredores y espectadores, para que ellos también te respeten".

"Aprovecha las sesiones de masajes que tiene preparada la organización".

"Sé honesto contigo mismo, ubícate en el bloque de salida que te corresponde, según el tiempo planeado, ya que de lo contrario correrás a un ritmo forzado y esto te desgastará, arruinando tu carrera".

"Aunque la vida nos tiene reservado algo, siempre hay que dar lo mejor de sí mismo".

"Todo lo que hagas, siempre hazlo con la mejor actitud".

"El ritmo de carrera lo haces tú, según metas y objetivos".

"Si vas a dar algo, da lo mejor de ti toda la vida y en cualquier actividad que realices".

"Cuando sientas que estás por desfallecer, grita, grita y vuelve a gritar, extrañamente esto te ayuda a cargarte de suficiente energía".

"Si voy a rebasar y tengo que pasar por en medio de dos corredores, es necesario llamar su atención, por ejemplo decir "voy", o simplemente reduce tu ritmo de carrera, mientras planeas el espacio seguro por donde pasarás sin provocar ningún accidente y recuerda voltear, voltear y volver a voltear".

"El miedo a un evento desconocido, como una distancia nueva, puede producir síntomas como náuseas; no te preocupes, es normal. Ahora lo sé".

"Cree en lo que haces, cualquiera que sea tu creencia cree en ella y cuando desfallezcas y no tengas más fuerzas, cree aún más".

"La verdadera preparación se inicia con el alma, en el creer, en lo anímico y en lo físico".

"El que no se hidrata antes, durante y después, perece en el camino".

"Soy un corredor recreativo y como tal merezco respeto, acaso no hay suficientes estrellas en el cielo".

"Las cosas se hacen por gusto, diversión, salud, por metas, por objetivos, no por imposición".

"Los espectadores merecen el mismo respeto que los corredores, acaso no se mantienen erguidos como guerreros incansables, sin importar el tiempo que te tomes en llegar".

"Es bueno hacernos dueños de las calles y correr con libertad, después de todo el maratón se realiza una vez al año".

"Deja una huella profunda en la gente y más si es a la que verdaderamente estimas y amas".

"No darse por vencidos, recuerda que la esperanza muere al último".

"Obtén fortaleza de la gente que te insulta durante tu correr, porque tú también tropezaste cuando correr no sabías, así es para ellos y es la forma de decirte: te admiro por tu valor".

"Da las gracias a cualquier corredor, espectador o vigilante que se interese por tu salud".

"Confía en tu agente de viajes y si está involucrado con las actividades que realizas, confía aún más, muchas de las causas están fuera de su alcance".

"Cualquier distancia que corretees, vívela, disfrútala, súfrela, conócela, sólo así le tendrás respeto".

"Aun cuando te digan que la calle es tuya, voltea, voltea y vuelve a voltear, porque nunca se sabe".

"Cuando no se tiene un entrenador es más difícil. Nosotros, los corredores recreativos, nos preparamos como Dios nos da a entender: leyendo revistas afines e incluso preguntando a quienes tienen la experiencia y nos responden y aprendemos, pero muchas veces no hacemos las preguntas correctas y quizá las más importantes: ¿qué va a pasar con mi cuerpo cuando termine de correr el maratón? ¿Cómo me voy a sentir? ¿Qué debo hacer para relajar mis piernas y minimizar los dolores? ¿Cómo debo iniciar la recuperación después del maratón?".

"La hidratación es de gran importancia para el corredor y el espectador, por lo que hay que hidratarse antes, durante y después de cada competencia".

"Tanto en el caminar, como en el correr, la postura es muy importante y el que te dañes o el que te canses depende mucho de ello".

"Mantenerse optimista ante cualquier situación siempre es bueno y reconfortante".

"Alcanzar una meta siempre cuesta. No te atormentes y te frustres por una meta banal, se resuelve con el tiempo y un ganchito".

"Aprecia las cosas buenas que te da la vida, aunque parezcan malas, recuerda que hasta a los días malos se les encuentra algo bueno".

"No porque a ti no te sirva, a nadie le puede servir".

"Un gran corredor maratonista me dijo: una vez corrí para poder dejar el alcohol y ahora no puedo dejar de correr —más de 900 carreras en todas las distancias—".

"Si participas en una carrera que sea en otras condiciones de altitud, temperatura y humedad, te recomiendo emprendas el viaje un par de días antes, ya que requieres aclimatarte a las nuevas condiciones".

"Tanto la hidratación y la alimentación, como el dormir y descansar son esenciales para el correr y tu rendimiento depende de eso".

"La emoción de una carrera comienza desde el momento en que tomas la decisión de correrla, por eso es importante que recojas tu paquete del corredor personalmente".

"El ritmo de carrera es el que marca tu organismo o al cual te has entrenado, mas no así otro corredor".

"Los ejercicios de estiramiento antes y después de una competencia te ayudan para no sufrir una lesión".

"Hacer cambios de ritmo en una carrera larga rompe con la monotonía y el cansancio".

"En temporada de invierno se debe hacer ejercicio suficiente para subir la temperatura corporal algunos grados, antes de salir a la competencia, ya que en cuanto el cuerpo hace contacto con el frío, la temperatura corporal baja rápidamente".

"Aprecia las cosas buenas que te da la vida por muy sencillas que sean".

"Hasta en los días fríos puede haber deshidratación".

Reflexión final

"Agradezco a Dios por darme la capacidad de percibir el tiempo y el espacio de una manera diferente".

"Agradezco a Dios por darme la oportunidad de conocer espectadores que se entregan a lo que hacen por mínimo que parezca".

"Agradezco a mis amigos por los buenos comentarios y llamadas de atención que me dan, aunque muchas veces me duelan en el alma".

"Agradezco a todos los corredores por sembrar día con día, semana tras semana, durante años y muchos más, la semilla del correr, en cada rincón de cualquier lugar y en cuanta calle de cualquier ciudad en todo el mundo, porque se dice fácil, pero cuesta tanto y se valora tan poco".

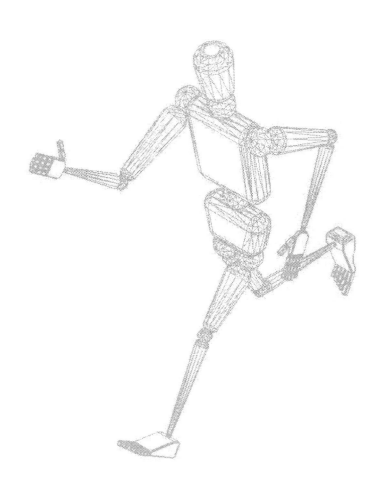